Texte et illustration © 2013 et réédition 2016 J.R. Pierson
ISBN 978-2-9544689-9-0
Les Editions de la Nation Neandertal © 2013-2016
led.nneandertal@gmail.com

Le Bouddha Rieur

J.R. Pierson

Chapitre I

Un autre monde

Le goutte à goutte noir a cessé. Il ôte le filtre en aluminium, le pose dans la coupelle que forme le couvercle retourné sur la table, verse ensuite une cuillérée de sucre fin dans le verre et remue son café en observant le trafic au carrefour.

Le flux, dense à cette heure de la matinée, emporte les voitures peu nombreuses mais toutes de modèles récents dans le flot des « xe honda » – ces cyclomoteurs adoptés par la majorité des Vietnamiens – qui se croisent et se doublent presque sans interruption, ponctuant leur course de coups de klaxon et contournant les quelques piétons qui traversent d'un pas mesuré mais sûr. Dans cette circulation, il distingue un livreur conduisant l'un de ces deux-roues à l'arrière duquel sont empilés d'innombrables bidons vides – à l'image d'une roue de paon – un serveur, perché sur un vélo, qui passe en tenant sur le plat de la main son plateau surmonté d'un bol, ou encore une femme poussant son chariot le long du trottoir jusqu'à la placette en bout de rue où elle va s'établir pour vendre son « xôi », une spécialité de riz gluant.

Ces scènes du quotidien, il les connaît bien : pendant ses années lycée il venait dans cette ville deux fois l'an rejoindre ses parents à l'occasion des congés scolaires. En 1998, la mission de son père étant arrivée à son terme, le foyer réuni avait repris ses quartiers en France. Mais quatre ans plus tard, tenaillé par la nostalgie, il était retourné pour les vacances dans ce qu'il appelle « un autre monde » et renouvelle depuis lors ce voyage une année sur deux en variant son lieu de séjour entre la fourmillante capitale économique du sud et les plages calmes de la province de Bình Thuận.

En cette fin de mois de décembre, ce n'est pas encore l'effervescence du nouvel an mais son oeil habitué perçoit déjà les signes annonciateurs de l'évènement que l'on célèbrera dans cinq semaines : on nettoie, on repeint les maisons, dans les commerces apparaissent les boîtes de fruits confits, les pastèques, les traditionnels « Bánh Tết » – ces pains de riz farcis emballés dans des feuilles de bananier et confectionnés pour la circonstance – les branches fleuries et autres décorations que l'on accrochera à l'occasion de la plus importante fête de l'année qui fera entrer le monde bouddhiste dans l'année du chat.

Le trottoir fait ici comme ailleurs office de terrasse de café où les hommes, essentiellement, viennent prendre place sur des sièges pliants devant des tables non moins pliantes pour boire tranquillement leur « cà-phê đen » – le petit noir – et fumer quelques cigarettes tout en devisant. Lui, vient de vider son verre et y verse du thé au jasmin mis à disposition dans une petite théière de porcelaine.

Même si ce n'est pas neuf pour lui, il s'étonne encore parfois de voir tout ces gens circuler ainsi sans s'accrocher ou se cogner à tout bout de champ, de noter l'assurance avec laquelle les conducteurs de voitures et de camions avancent et manoeuvrent sans renverser un cyclomoteur alors que leurs trajectoires se coupent. Il sait évidemment que des accidents se produisent chaque jour dont certains aux conséquences graves ; il en constate pourtant rarement durant ses séjours.

Son regard erre à travers le va-et-vient de la rue. En face, de l'autre côté de la chaussée, il observe une jeune femme à la silhouette plaisante qui patiente devant un petit commerce de restauration. Elle porte un jean et un t-shirt sur lequel il distingue le dessin de la Tour Eiffel. Dans l'attente, elle poucète son téléphone puis finit par le ranger. Elle jette un coup d'oeil autour d'elle. À un moment, il lui semble qu'elle marque un arrêt dans sa direction. S'est elle rendue compte qu'il s'intéresse à elle ? Au bout de quelques minutes, on remet à la jeune femme un sachet plastique contenant une boîte en polystyrène, emballage typique du plat à emporter. Elle paye et accroche le sac au guidon de sa mobylette puis met son casque et démarre en se dirigeant vers le café devant lequel il est assis. Il la regarde toujours tandis qu'elle s'approche en s'insinuant prudemment dans le trafic transversal. Elle le remarque. Il sourit. Elle lui répond de la même façon. Cet instant de distraction la fait dévier de sa route et, cherchant à éviter un cycliste, elle vient butter dans le trottoir avec la roue avant. La chute est inévitable.

Il se précipite pour l'aider à se relever en redressant le deux-roues qu'il stabilise sur sa béquille, puis il attrape un siège et invite la maladroite à s'asseoir. Elle vient prendre place en boitillant.

— Thank you.

— Em có sao không ? s'inquiète-t-il en se risquant à lui demander en vietnamien si elle s'est fait mal.

— Em bị đau chân... répond-elle avec une grimace en remontant délicatement la jambe du pantalon pour découvrir le tibia endolori. L'endroit ne semble heureusement pas blessé mais une marque sur la peau rougie atteste qu'elle a dû recevoir un coup assez fort.

Il appelle le serveur et lui demande de rapporter des glaçons et un verre vide tandis qu'il approche un autre siège pour y reposer le pied de la jeune femme.

Il se présente :

— Anh tên Yann...

— Em tên Luru Ly, se présente-t-elle à son tour en rangeant dans son t-shirt une fine chaînette en or, assortie d'un médaillon, qui s'était échappée lors de la chute. Elle s'étonne que ce jeune homme au visage plutôt européen parle le vietnamien. Yann tempère en précisant qu'il n'en connaît que quelques rudiments. Elle lui demande s'il est américain :

– Anh là người Mỹ không ?

– Anh là người Pháp, répond-il pour signifier qu'il est Français.

Il lui verse ensuite du thé et saisit un glaçon du bout des doigts pour le faire glisser avec douceur en lent va-et-vient sur la zone meurtrie afin de calmer la douleur.

– Merci. Vous êtes gentil, dit Luru Ly, prenant Yann par surprise.

– Vous parlez français ?

– Un peu, seulement. J'apprenais avec mon grand-père.

– Il est Français ?

– Non. Mais quand il était jeune il travaillait avec des Français.

– Vous parlez bien !... Et vous avez un joli prénom, dit Yann avec un sourire tout en reprenant un autre morceau de glace pour continuer ses soins. Vous buvez un café ? propose-t-il ensuite.

– Non, je dois partir. J'ai acheté à manger et... Oh ! Elle s'interrompt alors qu'elle indique le sachet accroché au guidon. Il est déchiré, la boîte qu'il contient complètement ratatinée.

– Alors ?

– Cà phê sửa đá, répond Luru Ly, dépitée.

Yann passe la commande de café au lait frappé au serveur puis il reprend :

– Je n'ai pas encore déjeuné, moi non plus. Si vous êtes d'accord, on va manger un « phở » dans le quartier quand vous aurez fini le café.

– Mais, j'ai pas le temps, je dois aller travailler.

– Vous faites quoi ?

– Hein ?

– Quel travail ?

– J'aide ma tante au magasin...

Le serveur vient déposer la boisson de la jeune femme qui agite rapidement la cuillère de haut en bas pour mélanger le café avec le lait et les glaçons. Puis elle demande à son tour :

– Et vous ?

– Je travaille dans la publicité.

Luu Ly retire la jambe du siège et la replie avec une petite grimace.

– Ça va mieux ?

– Oui. Merci, Yann.

– Mais il faut quand même manger quelque chose...

– À côté le magasin de ma tante il y a quelqu'un vend des « bánh mì thịt », des sandwiches, explique-t-elle avant de tirer sur la paille plongée dans sa boisson. Puis elle reprend :

– Et vous apprenez parler vietnamien comment ?

– Par mes parents. Je suis métisse. Ma mère est née à Saigon et mon père aussi mais, lui, de parents français.

– Ah ! Je pensais aussi quand je vois votre visage, vous êtes pas 100% « Tay »... Mais vos yeux verts...

– Oui ?

La jeune femme hésite, intimidée :

– Euh... Je n'ai jamais encore vu ...

Tous deux restent un instant absorbés par leurs pensées. Yann est subjugué par l'affabilité et le charme de Luu Ly qui, avec son accent et son français, se débrouille beaucoup mieux que lui en vietnamien. Luu Ly, elle, apprécie ce jeune homme sympathique et plaisant qui n'a pas hésité à s'occuper d'elle, même si, elle s'en doute bien, ce n'est pas seulement un esprit d'altruisme qui l'anime.

Une vendeuse de durians passe dans la rue perpendiculaire. Yann demande à Luu Ly :

– Vous aimez ça ?

– Beaucoup !

Il se lève et se rend auprès de la femme pour acheter un fruit. Elle ouvre la coque hérissée de pointes selon une méthode éprouvée et en extrait les lobes de chair à l'odeur caractéristique qu'elle dispose dans une boîte. Yann paie puis revient en tendant son achat à la jeune femme :

– Pour vous.

– Merci. Vous aimez manger aussi ?

– Oui...

– C'est vrai ? Je ne vois pas encore un Tay manger « sầu riêng » ! dit elle avec une moue de doute.

Sur ce, Yann ouvre l'emballage, en saisit entre ses doigts une portion et se met à ronger la chair autour du noyau couleur caramel. Luu Ly rit de surprise. Il l'invite à en faire de même ; elle se sert sans hésiter. Tous deux finissent par vider la boîte, ponctuant leur dégustation de regards complices et appréciateurs.

Soudain, Lưu Ly regarde sa montre.

– Oh ! Je dois aller !

Elle finit de boire son café et se lève. Elle reste un instant à regarder Yann. Il attend ses mots. Dans le visage de la jeune femme passe une lueur de tristesse. Puis elle sourit :

– Merci, Yann. Je suis contente de vous rencontrer.

– Moi aussi, dit-il simplement, ne sachant trop quoi rajouter.

– Em đi, nhé ! termine-t-elle pour prendre congé.

– Em đi... répète-t-il avec un sourire forcé.

Tandis qu'elle jette le sachet hors d'usage et enfourche sa honda, toutes sortes d'idées tournent dans la tête de Yann ; il voudrait la retenir, lui parler encore ; elle ne peut pas partir tout simplement ! Cette histoire à peine commencée ne peut pas finir si vite ! Mais y a-t-il au moins eu une histoire ? Pourquoi pas ?... Comment le savoir si ça s'arrête déjà ?...

Elle met son casque. Il l'appelle :

– Lưu Ly !

Elle tourne la tête :

– Oui ?

Yann se lève.

– Le magasin de ta tante, c'est où ? demande-t-il avec un tutoiement trahissant ses sentiments.

– Ở chợ Xóm Chiếu, quận 4, My Lan... lâche-t-elle en démarrant. Trente secondes après il l'a perdue de vue dans le trafic.

« My Lan, Q4 » griffonne-t-il sur un bout de papier qu'il range dans son portefeuille. « Elle travaille au marché du quatrième arrondissement ;

12

je devrais pouvoir la retrouver, se dit-il, mais je ne veux pas qu'elle ait l'impression que je la harcèle.... J'irai voir dans 2 jours... Ou peut-être demain... » hésite-t-il. Il se ravise : « Non. Après-demain... Bah ! On verra... »

Au marché couvert du quatrième arrondissement, il se souvient y avoir été l'une ou l'autre fois avec sa mère, il y a plus d'une douzaine d'années ; elle y connaissait une ancienne camarade de classe qui vendait des « sinh tố ». Il appréciait beaucoup ces boissons faites de jus de fruit mixé avec du lait concentré et de la glace pilée. Son parfum préféré, la papaye, c'est là qu'il l'avait goûté la première fois.

Le quartier a un peu changé. Moins que le centre-ville, mais certaines rues ont été élargies et un immeuble récent fait face au marché. Yann gare son deux-roues à côté des autres devant l'entrée de la bâtisse grise, une construction ancienne au pied de laquelle débordent les échoppes. L'émotion le gagne. Cette fois, il y vient seul. Sa mère n'y reviendra plus ; la maladie l'a emportée sept ans auparavant.

Yann gravit les quelques marches qui mènent au rez-de-chaussée où il déambule entre les empilements de fruits, les bottes de légumes verts et les stands de viande ou de poisson séché dont les effluves se mêlent au parfum des mangues et des durians pour s'estomper plus loin au profit des odeurs alléchantes de plats locaux. Dans la halle, résonne le brouhaha des conversations et les réclames des commerçants. Il s'installe sur un tabouret et commande un café frappé. Il ne veut pas trop tarder car il sait qu'en haut, il retrouvera Luu Ly. Il regarde sa montre : 7 h 15. « Si elle a le même horaire qu'avant hier, elle devrait arriver d'ici un quart d'heure », se dit-il.

À l'étage, de chaque côté d'un couloir qui fait le tour du bâtiment, dans une ambiance moins bruyante, presque feutrée, s'enfilent les boutiques : de petits espaces ouverts qui, à vue de nez, doivent faire deux mètres de large sur trois de profondeur, où s'exposent du sol au plafond les marchandises, surtout des vêtements, que les vendeuses proposent au passage. Certaines rangent les derniers arrivages, d'autres attendent le chaland, assises sur un tabouret devant leur étalage ou y prennent un repas selon l'heure ; d'autres encore font simplement une petite sieste à l'intérieur. L'une d'elles apostrophe Yann pour lui vendre un t-shirt imprimé : « Hello ! You buy T-shirt ? 60 ngàn – 4 dollars ! » Celui-ci répond par la négative avec un sourire en poursuivant son chemin. Cela l'amuse toujours de constater le prix proposé au départ car il est de coutume de discuter et, pour un étranger censé avoir de fait plus de moyens, le montant initial est plus élevé. Lui, il aurait donné 40 mille dôngs ce qui d'ailleurs, au cours actuel de la devise américaine, correspond plutôt à 2 dollars. Mais il n'est pas venu là pour faire des emplettes ; il avance, vérifiant alternativement à gauche et à droite les enseignes qui se succèdent jusqu'à trouver le commerce où travaille Luu Ly. Il lui faut presque faire un tour complet pour voir enfin apparaître le nom attendu : « My Lan ». Personne ne se trouve sur les lieux. Il scrute les alentours. Le voyant s'impatienter, la commerçante de la boutique voisine appelle soudain :

– Lan ơi ! Có khách !

Une dame qui discutait un peu plus loin arrive. Yann la salue d'un signe de tête et lui indique d'emblée qu'il cherche la jeune femme :

– Tôi tìm Lưu Ly...

– Nó đi rồi.

– Đi đâu ?

– Về nhà ba mẹ nó...

La nouvelle tombe comme un couperet : Lưu Ly est partie chez ses parents qui habitent en province pour passer le nouvel an en famille. Il interroge encore la tante qui lui laisse un ultime espoir de la revoir : Lưu Ly prend un car partant à huit heures devant les bureaux d'un voyagiste dans le premier arrondissement.

Yann se hâte, dégringole le large escalier, sort et grimpe sur son cyclomoteur.

Elle s'est installée sur un siège couchette en hauteur. Elle redresse le dossier, allonge les jambes et sort un livre de son sac qu'elle a rangé à ses pieds. Elle ne l'ouvre pas, elle le pose sur ses cuisses et tourne la tête vers la fenêtre. Elle ne regarde pas vraiment ce qui se passe dehors, son esprit est ailleurs. Pour la première fois, elle quitte Saigon avec un petit pincement au coeur. Elle y reviendra après le Têt, bien sûr, mais le Français, Yann, sera certainement reparti dans son pays. Elle aurait bien aimé revoir encore une fois ce jeune homme prévenant pour le connaître mieux... « Il doit avoir entre 25 et 30 ans, juge-t-elle, il a l'air gentil et il a de beaux yeux verts... Non, plutôt kaki... Je me demande s'il est célibataire... En tous cas, il voyage seul... » Elle pense qu'il ne doit pas s'intéresser à elle plus que ça. Elle s'attendait en effet à le voir lui rendre visite au marché mais il n'est pas venu. « Il vaut mieux considérer cette rencontre comme un agréable souvenir après tout », se dit-elle en ouvrant son livre tandis que d'autres passagers montent dans le car et s'y installent. Elle reprend sa lecture où elle l'avait laissée lors du trajet aller. Un petit sourire se dessine sur son visage. Pour une fois, elle lit un roman sentimental de Quynh Dào ; elle l'a commencé en venant à Saigon et va le finir en retournant chez elle... comme si la première partie avait été le présage d'une histoire sentimentale qui commencerait et la seconde partie, marquant la fin de cette histoire.

Des coups répétés à la vitre la sortent de ses pages. Elle tourne la tête. Un visage souriant apparaît devant ses yeux : celui de Yann ! Elle lui fait signe de patienter, descend rapidement de son siège et se dirige vers l'avant pour sortir le rejoindre sur le trottoir.

Il aurait voulu la prendre dans ses bras mais il préfère s'abstenir pour éviter de la choquer, leur relation n'en étant pas encore arrivée à cette intimité.

– Bonjour, Luu Ly !
– Bonjour Yann ! Comment vous me trouvez ?
– Toujours aussi jolie ! ose le jeune homme.

– Oh ? Non ! Je veux dire... commence la jeune femme en rougissant.

– Je sais. Je suis allé chez My Lan et elle m'a expliqué...

– Et vous venez jusqu'ici !...

– Je voulais absolument te... Je peux te dire « tu » ?

– Oui, oui !

– Je voulais te revoir…

– Mais je pars... dit-elle avec une moue de déception.

– Je sais, c'est trop tard. Je suis bête, j'aurai dû venir hier... dit Yann en baissant les yeux. …Et ta jambe, ça va mieux ?

– Oui. Je n'ai plus mal…

On ferme les soutes du car ; dans un instant il va partir.

– Je dois aller maintenant... déclare Luru Ly avec résignation.

Elle lui tend la main. Il la prend dans la sienne et la garde un instant en regardant ses longs doigts fins. Puis il lève la tête ; dans leurs yeux brille une lueur de tristesse. Il voudrait lui dire… Elle voudrait lui dire…

– Em ơi ! appelle le chauffeur qui s'impatiente au volant.

Elle adresse un sourire à Yann.

– Em đi, nhé !

– Em đi... répète-t-il.

Ces mots déjà entendus résonnent comme un écho dans sa tête.

Elle monte dans le car.

Soudain, avant que les portes n'aient le temps de se refermer, Yann grimpe sur la première marche et l'appelle :

– Lưu Ly ! Donne-moi ton numéro de téléphone !

Elle demande au chauffeur : « Chờ chút xíu, nhé ! » Tandis que celui-ci accepte de patienter, elle se précipite à sa place pour en revenir trente secondes après avec un feuillet qu'elle tend à Yann qui l'attrape et redescend sur le trottoir. La porte se ferme. Le car s'en va.

Chapitre II

Le dernier voyage

6 h 25. L'A320 atterrit sur le sol de Saigon. Les passagers récupèrent leurs bagages à main ; les traits de leur visage accusent les douze heures et demie de vol qui les séparent de Paris. Ici, la journée commence ; là-bas, c'est le milieu de la nuit. Les portes s'ouvrent. On avance à petits pas jusqu'à la sortie de l'appareil puis l'allure se fait plus pressante pour arriver aux guichets de la police et de l'immigration où l'on patiente en fonction de la bonne volonté du fonctionnaire, selon qu'on soit étranger ou vietnamien.

L'homme, un sac à dos sur l'épaule, visiblement pas rasé depuis trois jours, se présente à son tour avec son passeport. Le policier l'observe, lui demande d'ôter ses lunettes sombres, compare avec la photo officielle et effectue une recherche informatique. Puis il l'interroge dans un anglais compréhensible sur le lieu et les raisons de son séjour en vérifiant la validité du visa.

– Where you go ?

– Saigon.

– What hotel ?

– Lavender.

– You come in Viêt Nam for what ?

– Tourism.

Finalement, il rend le passeport et fait signe de passer.

L'homme se dirige tranquillement vers les toilettes où il en profite pour se rafraîchir le visage tandis que les autres voyageurs se hâtent vers la réception des bagages. Il se rend ensuite directement au contrôle des douanes. Il pose son ballot sur le tapis du scanner auprès duquel tout le monde s'agglutine avec ses affaires et passe de l'autre côté pour le récupérer. Une douanière l'interpelle en pointant une valise :

– Is this your luggage ?

– No.

Il n'a pas de bagages, juste un sac à dos.

Il sort du hall et marque un temps d'arrêt ; la chaleur et la moiteur caractéristiques de la ville contrastent avec la fraîcheur d'avril dans laquelle il baignait encore hier.

Il ne lui faut pas deux minutes pour trouver un taxi dans lequel il monte.

– Khách sạn Lavender, đường số 41, quận 4, indique-t-il comme destination au chauffeur.

La ville défile sous ses yeux avec ses parcs, ses innombrables commerces et sa circulation dense de cyclomoteurs auxquels, année après année, les voitures se mêlent de plus en plus nombreuses avec une nette prédominance de marques japonaises et coréennes.

Arrivé à l'hôtel, il s'enregistre et paie la nuit d'avance puis il monte dans sa chambre. Elle est spacieuse, les murs et les draps de couleur violette évoquant la lavande sont assortis aux boiseries de teinte teck qui composent placards et mobilier. Le matelas qu'il juge confortable et la climatisation lui permettront de passer ces deux premières nuits dans de bonnes conditions.

Il se rend dans la salle d'eau pour prendre une douche bienfaisante, laissant couler longuement l'eau sur son corps en fermant les yeux, ce corps qui ne lui servira bientôt plus.

Il va ensuite s'allonger, gagné par la fatigue du voyage.

Un claquement de porte dans le couloir le réveille. Couché sur le côté, il lui suffit de jeter un coup d'oeil à son portable en charge sur la table de chevet pour savoir qu'il est onze heures. Il a faim.

À la réception, on lui suggère un petit restaurant où il trouvera une grande variété de plats et de desserts locaux, à cinq minutes à pied de là seulement.

L'après-midi, il le passe à flâner dans les rues de la ville, à boire cafés et jus de canne, à déguster ces en-cas que des vendeuses ambulantes accroupies à côté de leurs popotes proposent aux passants, ou à s'asseoir aux terrasses pour observer la vie trépidante de la cette capitale économique.

Au centre, il se promène près du marché où l'on ne manque pas de lui proposer chapeaux, cartes postales et autres livres. Mais ce qui l'intéresse, qu'il souhaite revoir une dernière fois, se trouve dans la halle : ces boutiques d'artisanat local qui exposent les quadriptyques finement nacrés, les éventails majestueux aux couleurs vives, les petits objets ouvragés et les statuettes de bois aux essences diverses représentant des animaux ou des personnages tels que ce Bouddha rondouillard qui semble lui adresser un large sourire. Plus tard, il poursuit son chemin dans le premier arrondissement et finit par s'installer à la table d'un restaurant en face de la « Financial Tower ». Il regarde de bas en haut cette tour, inaugurée deux ans et demi auparavant, qui culmine à plus de 260 m avec un hélipont aux deux tiers de sa hauteur, pointant en surplomb, comme une langue tirée. Il se dit qu'il aurait pu sauter de là-haut...

La nuit tombe déjà. Il flâne encore le long des rues dans le quartier des affaires avec ses restaurants européens et ses boutiques de luxe où commencent à s'illuminer de leurs néons multicolores les immeubles rivalisant de design et de taille.

Il est fatigué de marcher. Il s'arrête un instant au bord du trottoir et consulte sa montre. Il doit s'occuper de son voyage. Un taxi ralentit auquel il fait signe, et se fait déposer rue Lê Lợi où il achète un aller simple pour Mũi Né. Départ le surlendemain à huit heures, devant l'agence.

Deux jours après, vers 7 h 30, il entre chez le voyagiste auprès duquel il retire un autre ticket réservé pour lui par un tiers et qu'il donne, une fois ressorti, à un homme vietnamien. Tous deux montent dans le car en présentant leur billet au chauffeur et vont prendre place, lui au fond, le Vietnamien dans la zone centrale. Cinq minutes après, ce dernier redescend puis s'en va. Lorsque la plupart des passagers sont assis, il va s'installer sur le siège laissé vacant de fait.

Le car démarre.

Il redresse le dossier pour adopter une position assise mais, dès les premières secousses, le dossier redescend. Si, vu de l'extérieur, le véhicule donne l'impression d'être récent, ce ne semble pas être le cas de l'équipement intérieur : pour garder le dos droit, il doit maintenir une pression sur la manette de réglage du siège ; certaines buses de ventilation sont absentes et les voyageurs qui ne veulent pas recevoir l'air climatisé en pleine figure, n'ont d'autre solution que de boucher l'aérateur comme certains l'ont déjà fait à l'aide de papier ou avec un sachet plastique roulé en boule. En revanche, les toilettes ont été supprimées au bénéfice de meilleures conditions de voyage en termes d'odeurs. « Mais vu le prix du billet, on ne peut pas être trop exigent », se dit-il.

Par la fenêtre il voit défiler la banlieue de Saigon avec ses ponts qui se sont multipliés, ses nouvelles constructions et ses nombreuses entreprises de travaux public et du bâtiment témoignant, en particulier dans cette zone, du dynamisme immobilier. Le paysage se fait ensuite plus campagnard ; les rizières, quelquefois squattées par des élevages de canards, alternent avec les villages où les petits commerces se succèdent en enfilade tout au long de la route assez cahoteuse par moments. Des manguiers suspendent leurs fruits à mûrir au soleil auprès de la terre rouge creusée par l'homme et ravinée par les eaux. On peut encore voir des buffles tirant le soc, montés par des enfants qui les taquinent du bâton tandis que d'autres broutent en liberté jusqu'à la chaussée.

Ça aussi, il va devoir le quitter...

Une heure après le départ, il prend son sac et retourne s'installer à l'arrière du car. Personne ne semble prêter attention à ce manège habituant les voisins des deux sièges concernés à les voir temporairement inoccupés ; si certains ont le nez collé à la vitre, d'autres sont plongés dans leur lecture ou bien s'adonnent à des jeux vidéos sur leurs mobiles.

Après deux heures de route, il commence un peu à stresser. En principe, il est prévu une pause toilettes à mi-chemin. Dans le secteur, les lieux pour faire escale ne manquent pas avec leurs aires de stationnement aménagées pour les cars, leurs grandes salles de restauration et leurs petits commerces annexes qui ouvrent leurs bras aux touristes.

Si personne ne réclame auprès du chauffeur, il va devoir y aller lui-même faute de quoi l'arrêt pourrait passer aux oubliettes. Or, justement, il ne veut pas se faire remarquer, cela risquerait de contrarier ses plans. Cette pensée à peine estompée, une dame se lève et se dirige vers l'avant pour échanger quelques mots avec le conducteur qui répond en levant les cinq doigts de la main. « Dans cinq minutes, on s'arrête » comprend-il en esquissant un sourire de soulagement.

*

– Àlô !
– Cam ?
– Vâng...
– C'est Martin !
– Ah ! Martin... Tu es déjà réveillé ?
– Oui, je dois partir à Paris de bonne heure... Je venais aux nouvelles...
– Tout va bien. J'ai appelé l'agence à Saigon ; il a bien retiré le billet ce matin. Il doit être en route. Dans deux heures environ il devrait être à Mũi Né. Je l'attendrai comme prévu...
– Ça me rassure. J'ai essayé de l'appeler mais il ne répond pas...
– Il n'a peut-être pas accès au réseau ici avec son appareil...
– C'est vrai, je n'y avais pas pensé... Bon, je te laisse... Tiens-moi au courant. À bientôt, Cam... et merci !
– De rien. Salut, Martin !

*

C'est aux environs de Xuân Lộc que le véhicule interrompt sa course dans un nuage de poussière devant l'entrée d'un vaste bâtiment prêt à accueillir les voyageurs qui pourront s'y désaltérer, se sustenter et, à l'arrière, éliminer... ce qui semble répondre aux attentes de bon nombre d'entre eux. Il prend son sac à la main et suit le mouvement. En sortant, il s'éloigne de son groupe pour se fondre dans la foule.

L'endroit est très fréquenté ; d'autres cars ont libéré leurs passagers qui ont pris place aux tables ou font quelques emplettes. Il achète un café frappé servi dans un gobelet plastique avec son couvercle muni d'une paille et s'installe à l'écart pour le suçoter tranquillement. Le chauffeur, soucieux du timing, a donné dix minutes.

Lorsque ses covoyageurs commencent à regagner le car, il se rend aux toilettes et s'y enferme pendant un moment. Il ressort ensuite et, en essayant de se faire le plus discret possible, il avance en longeant le mur jusqu'à pouvoir jeter un oeil sur le parking. Son car est parti. « Parfait ! » pense-t-il en affichant un grand sourire de satisfaction. Son plan a fonctionné : personne ne s'est rendu compte de son absence et tout le monde a repris la route sans attendre.

Soulagé, il prend le temps de manger un plat de riz au poulet grillé en buvant une bière fraîche, une « Larue », marque vestige de la présence française jusqu'au milieu du XX° siècle. Le décor n'est pas particulièrement plaisant mais lui, il se sent bien. Et il veut profiter de cet instant de bien-être comme de tous ceux qui lui restent encore à vivre dans les deux prochains jours.

Il observe les gens autour de lui.

Une vendeuse de longanes au visage tanné par le soleil, coiffée de son chapeau conique, a retiré son masque de tissu qui la protège de la poussière pour venir proposer ses fruits aux clients. Il lui en prend une bonne poignée qu'il se met immédiatement à déguster en retirant délicatement l'enveloppe brune laissant apparaître un globe blanc – comme celui d'un œil – qu'il gobe en appréciant le jus sucré et la chair tendre rappelant un peu celle du litchi. Un garçon et une fille, assis l'un en face de l'autre en bout de table, se tiennent la main en discutant tendrement mais d'une voix vive pour se faire entendre l'un de l'autre dans le brouhaha environnant. Leurs regards complices témoignent de leurs sentiments amoureux. « L'avenir leur appartient », se dit-il. Pour lui, l'avenir c'est déjà du passé ; une belle histoire d'amour aurait peut-être pu commencer ? Il n'en sait trop rien… mais il n'en connaîtra jamais la suite. Attablés à sa droite, ces gens en train de manger leurs bols de soupe de nouilles, ce doit être une famille : un couple avec ses enfants, accompagnés des grands-parents qui paraissent assez âgés. La grand-mère se montre encore bien alerte tandis que le grand-père manifeste quelques difficultés à se déplacer : tout à l'heure, il a vu l'autre homme – certainement son fils – le soutenir pour venir s'asseoir. S'il a bien saisi quelques bribes de conversation, ils se rendent à Saigon pour y accompagner le vieux monsieur devant subir une opération à l'hôpital franco-vietnamien. Les enfants font huit, dix ans ; un âge que pourraient avoir les siens... Mais lui, il n'en a pas... Et son père, il n'a même pas eu la possibilité de lui venir en aide : il est mort des suite d'une grave maladie en décembre il y a près d'un an et demi, avant d'avoir pu fêter ses cinquante-huit ans... À ces souvenirs douloureux viennent se mêler d'autres pensées tristes qui l'amènent brusquement à déprimer. Cela ne lui est plus arrivé depuis dix jours, depuis qu'il a pris la décision d'effectuer ce voyage. Le dernier.

Il s'était promis de profiter à plein de ce séjour, de revoir ses lieux favoris, de goûter à la palette extraordinairement variée des plats vietnamiens et de se faire plaisir. Hier soir encore, il a bu avec d'éphémères copains de fête et s'est laissé emporter par les charmes d'une hôtesse – ou deux, il ne se rappelle plus trop – avant de s'affaler dans un taxi pour se faire ramener à l'hôtel où le réceptionniste l'a aidé à regagner sa chambre en arborant un sourire paternaliste tout en marmonnant d'inutiles et néanmoins bienveillantes remontrances.

« Ce n'est pas le moment de se laisser aller, se dit-il, si je ne vais pas jusqu'au bout, qu'est-ce que je vais faire ? Qu'est-ce que je vais devenir ? »

Il consulte sa montre. Il se lève et se dirige vers le comptoir du restaurant pour se renseigner. Il voudrait savoir s'il n'est pas prévu qu'un car fasse escale ici pour continuer ensuite vers Phan Thiết. L'employée pointe l'index en direction de l'aire de stationnement. Effectivement, l'un des véhicules affiche cette destination sur une pancarte placée derrière le pare-brise. Il va à la rencontre du chauffeur qui revient avec un pack de bouteilles d'eau minérale. Tous deux conversent un instant puis tombent d'accord après versement de 200.000 đồng.

Depuis la route qui secoue toujours autant, on aperçoit de temps à autres la mer. Elle est apparue au détour d'une montagne et joue depuis à se cacher derrière les forêts et les collines, se faisant désirer par le touriste en mal de vacances balnéaires. Seules savent le distraire de cette attente les cultures de « thanh long », si particulières avec leurs bouquets de cactées grimpant contre des poteaux pour retomber comme une touffe de cheveux longs au bout desquels éclatent les grosses fleurs blanches à cœur jaune et les fruits roses foncés à la chair sucrée parsemée de ses petits grains noirs, les fruits du dragon. Quelques magnifiques flamboyants déploient leurs feuilles lobées finement découpées pardessus lesquelles éclatent leurs panaches de fleurs rouges, alternant avec les cocotiers dont les noix vertes forment une grappe serrée sous la couronne de larges palmes qui servent encore aujourd'hui à fabriquer la toiture de certaines maisons ou d'abris.

Il sort machinalement son téléphone de la poche et l'allume pour consulter sa messagerie. « Pas de réseau » affiche l'appareil. « Evidemment, j'ai pas de sim qui fonctionne ici, se dit-il en le rangeant dans son sac ; de toutes façons j'en n'ai plus besoin ». Il regarde sa montre et fait un rapide calcul : « Les autres sont repartis vers 10 h 20 et devraient arriver au bureau de Mũi Né vers midi et demie. Nous, on est partis vers 11 h, ce qui nous fait environ une heure moins le quart à Phan Thiết.

Le temps de manger un bout, de trouver un chauffeur pour Mũi Né et d'arriver à la pension, ce sera le milieu de l'après-midi... La voie devrait être libre, d'ici là ».

Plus loin, un pont enjambe l'embouchure d'une rivière où s'agglutinent les bateaux de pêche aux cabines bleues avec leurs mats garnis de phares, proues face aux berges, attendant la nuit pour partir au large et composer une guirlande de lucioles dans l'horizon noir d'où ils rapporteront, aux premières lueurs de l'aurore, les fruits de mer et le poisson.

Las de regarder le paysage défiler, il s'allonge et ferme les yeux pour satisfaire à un coup de pompe passager.

Au-dessus de lui, un homme et une femme entament la conversation.

– Vous voulez goûter ?

– Qu'est-ce que c'est ?

– Je ne sais pas.

– Ah ? Bon, alors non, merci ! répond la femme avec un petit rire.

– Oh, ne vous inquiétez pas, j'en ai déjà mangé, c'est pas mauvais ; en tous cas ça n'a pas un goût fort...

– Bon, alors je vais essayer... Merci !

– Vous êtes d'où ?

– De Mouscron.

– C'est dans le midi ?

– Non, en Belgique.

– Je suis bête. C'est vrai que le fait de lire un livre en français ne signifie pas automatiquement qu'on soit Français !

– Et vous ?

– De Strasbourg.

– Ah, ben c'est pas si loin de chez nous !

– C'est la rencontre du chou de Bruxelles et de la choucroute au pays du riz.

– On peut voir ça comme ça, dit la femme en riant.

Ils laissent passer un moment puis l'homme reprend :

– C'est la première fois que vous venez au Viêt Nam ?

– Non, j'ai déjà fait le centre, l'an dernier : Huê, Hôi An... Et vous ?

– La deuxième. Moi, j'ai déjà été du côté de Hanoï, la baie de Halong... Cette année je visite le sud. Je suis parti de Saigon, je vais passer 2-3 jours à Phan Thiêt et je pousserai jusqu'à Nha Trang.

– J'y vais aussi. Il parait qu'il y a un parc de loisirs aquatiques là-bas avec une belle plage de sable blanc...

– Oui, sur une île... Je crois qu'on y accède par un téléphérique...

– Ça doit être chouette !

– Perso, y a beaucoup de choses que je trouve chouettes dans ce pays et les gens sont accueillants, on y mange de bons trucs...

– Oui, mais la vie est difficile aussi ; à Saigon, il y a des enfants qui vous accostent pour vendre des cartes postales, des billets de loterie, beaucoup de mendiants... Tiens, tout à l'heure encore, là où on a fait la pause, une petite mémé est venue tendre la main, elle avait du mal à marcher...

– Il faut dire qu'il n'y a pas de protection sociale comme chez nous... Mais ils sont démerdards et ils baissent pas facilement les bras, ils s'accrochent...

Ce commentaire venu du siège au-dessus le fait réagir ; il ouvre les yeux. « C'est vrai ; elle est juste la réflexion du gars, se dit-il, le regard fixe pendant quelques secondes. Mais, dans ma situation, c'est perdu d'avance, vaut mieux que j'aille jusqu'au bout, comme prévu... » Il referme les yeux.

Arrivé à destination, il va prendre place à la terrasse d'un petit restaurant, en bordure de rue. Jamais auparavant il n'était venu dans cette ville côtière ; pourtant, elle évoque pour lui le souvenir d'un événement qui n'a pas connu de suite. Etrangement, il scrute les environs comme s'il s'attendait à voir surgir quelqu'un. Quelqu'un qu'il voudrait éviter de rencontrer mais qu'il aimerait bien revoir. Dans ce paradoxe il éprouve un mélange de sentiments de lâcheté et de frustration d'une histoire inachevée. Mais la probabilité que cette rencontre se fasse reste faible en cette saison.

Il sursaute soudain lorsqu'une voix à côté de lui l'interpelle :

– Hello !

Il tourne la tête. Des jambes, une jupe, une chemisette, le visage souriant d'une jeune fille, celui de la serveuse qui vient prendre sa commande. Il opte pour un plat de pâtes sautées grillées aux fruits de mer.

Il continue d'observer le va-et-vient de la rue. En face, un peu plus loin, apparaît, solitaire, un moine enveloppé dans sa toge ocre qui déambule tranquillement le long du trottoir encombré. Une vendeuse de jus de canne lui tend un gobelet bien frais mais il ne le boit pas tout de suite ; il s'éloigne de quelques pas et va se tenir à l'ombre d'un bâtiment pour se désaltérer avant de traverser la chaussée.

La serveuse apporte l'assiette de pâtes. Il en profite pour lui commander à boire :

– Cho tôi một lon ba ba, dit-il selon son expression consacrée pour se faire servir une bière.

Le religieux au visage marqué par les ans, s'arrête à quelques pas devant lui, l'observe un instant en souriant puis continue son chemin d'une démarche difficile. Lui, reste quelques secondes bouche bée, un morceau de calamar entre les baguettes, se demandant ce que ce bonze a bien pu lui trouver pour marquer une pause à le regarder : « S'attendait-il à un don ? Non, il se serait approché… Bah, ce sont les mystères des mystiques… ! »

Il termine son repas par un café qu'on lui apporte accompagné d'un verre de thé glacé. Après avoir réglé l'addition, il se fait indiquer un endroit où trouver un « honda ôm » qui pourra l'emmener jusqu'aux plages de Mũi Né.

C'est donc vers la place du marché qu'il se rend, sac au dos. Il y a toujours des hommes qui attendent sur leur deux-roues pour reconduire les clients chargés à leur domicile ; un chauffeur devrait alors être facile à dénicher.

En effet, lorsqu'il arrive sur les lieux, il constate quelques gars qui font le pied de grue en guettant les allées et venues des clients à proximité de l'entrée. Il discute le prix avec l'un d'entre eux qui lui donne ensuite un casque. Au même moment, à quelques mètres en face de lui, une jeune femme se retourne. Tous deux restent soudain figés en se regardant, comme s'ils leurs visages leur évoquait quelque chose de particulier, comme s'ils voulaient se rapprocher l'un de l'autre sans pouvoir y parvenir. Elle fait un pas. Il sent l'émotion monter en lui, alors il enfonce son casque sur la tête, grimpe à l'arrière du cyclomoteur et commande au conducteur :

– Đi !

*

– Allô, Martin ?

– Oui ! C'est Cam ?

– Oui. Comme convenu je t'appelle... Mais il n'est pas avec moi. Il n'était pas dans le car...

– Comment ça ? À l'agence ils t'avaient pourtant dit...

– J'ai vu le chauffeur qui a appelé son bureau ; tous les billets vendus ont été utilisés...

– Le car s'est peut-être arrêté en route...

– C'est le cas. Mais le chauffeur m'a dit qu'il n'en sait pas plus. Il y avait plusieurs européens et, en repartant, personne n'a signalé de voisin absent.

– Il a dû descendre à ce moment-là...

– Ou il est redescendu dès le départ, à Saigon !... À tout hasard, je suis passé à la pension que tu m'as indiquée, mais rien...

– Bon...

– Tu connais mon point de vue ; je ne crois pas que ça sert à quelque chose de lui courir après, mais, comme je rentre à Nha Trang après-demain matin je repasserai à la pension demain soir, au cas où il serait arrivé entre temps...

– D'accord. Merci, en tous cas, Cam. Salut !

– De rien...Salut.

*

Il s'est allongé sur le hamac tendu entre deux poteaux, d'où il voit l'océan. En fermant les yeux, il se laisse bercer par le chuintement des rouleaux et le bruissement des palmiers. Ses lèvres ont un goût salé. Est-ce dû à l'air marin ou sont-ce les larmes qui, tout à l'heure, ont fini par couler pour s'assécher sous le vent de la vitesse sans pouvoir effacer les sentiments d'amertume qui reviennent par vagues se briser sur son cœur ? Peu importe, bientôt il ira noyer son chagrin.

Il aime bien ce coin, cette pension calme au bord du rivage où l'alizé du large vient souffler sur la chaleur tropicale. Loin des « resorts » à touristes qui poussent d'année en année de Phan Thiết à Mũi Né, il préfère cette simplicité presque sauvage où l'on est bien reçu.

Il n'y a presque personne en semaine et la saison touristique n'a pas encore commencé. À son arrivée, la patronne ne l'a pas immédiatement reconnu avec ses lunettes et sa barbe naissante mais, ensuite, elle a été à la fois ravie de le revoir et assez étonnée qu'il débarque en cette saison plutôt qu'en hiver ou à l'occasion du Tết. Elle lui a également fait savoir qu'un certain « Cam » l'avait demandé et laissé son numéro de téléphone. Elle lui a ensuite donné une chambre qu'il a indiqué vouloir occuper pendant trois ou quatre jours.

Près de la table à côté de lui, on a déposé un carton de 24 boites de bière pour ce soir. Il a commandé ça en arrivant cet après-midi. Tout à l'heure, avec Dimitri, le Russe qui passe six mois de l'année ici, le frère du patron, et Anh, coiffeur de son état, ils vont boire et manger des coquillages préparés sur le gril par la femme d'un pêcheur.

Le soleil descend. Il abandonne maintenant son filet pour aller prendre une douche avant que ses camarades ne le rejoignent pour « nhậu ». Il lave ensuite ses vêtements qu'il va suspendre à sécher au vent et retourne attendre les autres sous la gloriette au toit de palmes.

Ils avaient déjà mis ça il y a trois ans à l'initiative de Dimitri qui avait rapporté une bouteille de vodka et avaient ainsi passé au moins trois heures à grignoter, boire et deviser, chacun y allant de sa petite histoire, de son témoignage sur la vie dans son pays ou de ses impressions de voyage. Cette fois, il se révèle moins loquace au cours de la soirée. Il veut juste avoir de la compagnie et déguster ces noix de pétoncles préparées avec un filet d'huile à la ciboulette et des cacahuètes pilées, comme il les aime. Ses compagnons s'étonnent d'ailleurs de son silence, à quoi il répond en invoquant la fatigue du voyage ;

il ne veut pas gâcher cette petite réunion en racontant ses malheurs et afficher son état dépressif.

Il se laisse doucement glisser dans la nuit, boite après boite...

Dès l'aube, les pêcheurs sont à pied d'oeuvre sur la plage, tirant les filets qu'ils sont allés jeter en mer dans leurs embarcations rondes. Les mailles sont fines et drainent toutes sortes d'animaux : des crabes, des poissons, des coques, ou encore des méduses... Aujourd'hui, on a même capturé un petit requin ; une espèce naine, selon les dires d'un marin.

Il émerge avec une légère gueule de bois et se promène sur le sable, allant de-ci de-là découvrir le produit de la pêche. Des femmes trient les poissons et fruits de mer que les hommes détachent des filets ; on plonge les coquillages dans une bassine d'eau afin de préserver leur fraîcheur. Il échange quelques mots avec les uns et les autres, et en profite pour s'informer sur le moyen de se rendre sur l'île Ghênh. De l'index, quelqu'un pointe un endroit plus loin sur la côte puis, avec la main, fait des gestes que l'on peut comprendre comme étant l'itinéraire à suivre pour y parvenir.

Il s'attarde encore une petite heure sur le rivage à regarder les vagues ourlées d'écume s'étirer sur la grève en roulant les bernard-l'ermite et toutes sortes de vestiges de la civilisation, à observer la vie matinale de la plage : l'affairement des gens autour des bateaux pour assurer leur subsistance quotidienne, les nuages de libellules à l'affût des restes et les crabes qui se précipitent dans leur trou à la moindre perception d'un mouvement suspect pour y rester un long moment avant de se hasarder à nouveau dehors. Certains, tous petits, confectionnent d'innombrables billes de sable qu'ils disposent autour de leur repaire en aménageant un couloir d'accès. Pour les taquiner et voir leur réaction, il obstrue ce passage. Les crustacés déplacent alors les billes pour s'en frayer un autre. « Quelle ténacité et quelle patience elles ont, ces bestioles ! » constate-t-il.

Il revient ensuite à la pension et loue un cyclomoteur pour se rendre au marché de Mũi Né où il achète un bloc de papier et des enveloppes, puis, dans un restaurant sur le chemin du retour, il prend un bol de phở, une « soupe de nouilles », pour le petit déjeuner.

Trois quarts d'heure plus tard, installé dans sa chambre, il rédige une lettre. Il la plie et l'insère dans une enveloppe sur laquelle il inscrit les coordonnées du destinataire puis la range dans son sac. Sur une autre feuille, il écrit ces quelques mots : « Merci de transmettre à Martin. Désolé d'avoir fait faux-bond » qu'il signe et met également sous enveloppe avec une inscription en vietnamien demandant qu'elle soit remise avec le sac à M. Cam dont il indique le numéro de téléphone. Après quoi il range le tout provisoirement dans le placard et sort.

Le patron, attablé à l'ombre d'un manguier, est en train de boire un café au lait frappé ; il lui en propose un, ce qu'il accepte volontiers. En attendant que l'employée apporte la boisson il informe l'hôtelier qu'il s'absentera pour la journée et peut-être même pour la nuit. Il en profite également pour régler les trois prochaines d'avance.

Après avoir fini sa boisson, il fait commander un taxi. Celui-ci arrive au bout de cinq bonnes minutes et l'emmène au village des pêcheurs où il va passer le reste de la journée à se balader non sans avoir au préalable convenu avec l'un des hommes de la mer de se faire emmener le lendemain après-midi sur l'île Ghềnh. Il aurait voulu y aller dès aujourd'hui mais n'a pas trouvé quelqu'un de disponible pour lui assurer la traversée. Il repousse volontairement à une heure tardive son retour à la pension pour éviter l'éventuelle rencontre avec Cam.

Envoi d'un SMS
À : Martin.
Il est arrivé à la pension Hoa Biển. Je ne l'ai pas vu car il est parti pour la journée. Selon le patron il devrait rester 3-4 j. J'ai laissé mon num. tel. Salut. Cam.

Le lendemain matin, après la balade sur la plage et un dernier café, il pose l'enveloppe à l'attention de Cam sur son sac, à côté du réfrigérateur, puis sort. Il croise la femme de chambre à qui il remet la clé avant de quitter les lieux à pied. Il longe la route du littoral sur laquelle le soleil tropical darde ses rayons. « Ça chauffe ! J'aurais dû mettre un chapeau... se dit-il. Oh, et puis à quoi bon ? »

Un cyclomotoriste ne tarde pas à s'arrêter pour lui proposer de le véhiculer. Il enfourche le deux-roues et se fait déposer au même endroit que la veille. Là, il se rend sur le rivage et retrouve Cường, le pêcheur qui doit l'emmener en bateau dans l'après-midi. Le vieil homme est occupé à débarrasser ses filets, aidé de deux autres personnes qu'il présente comme étant sa femme et son fils. Il salue le groupe et, devant l'étonnement de Cường, confirme avoir bien compris que le départ ne se ferait qu'après le déjeuner ; rendez-vous à 14 h à cet endroit comme prévu.

Durant la traversée les deux hommes parlent peu. Au bout de quelques minutes, le vieux marin rompt le silence en lui demandant s'il est Américain.

– Không phải. Tôi là người Pháp.

– Pháp, hả ?

En apprenant que son passager est Français, le visage ridé de Cường se plisse un peu plus pour laisser place à un large sourire. Il explique que sa nièce parle bien le français et que son rêve est d'aller à Paris voir la Tour Eiffel. Son interlocuteur répond laconiquement souhaiter qu'elle puisse réaliser son rêve. Cường le regarde alors et lui propose qu'à son retour de Ghênh, il revienne le voir pour qu'il lui fasse rencontrer la jeune femme.

Voici l'île.

Le pêcheur l'y laisse avec un clin d'oeil :

– Nhớ, nhé !

Un rappel vain. Mais il ne peut pas lui dire...

C'est la première fois qu'il vient sur Ghênh, bien qu'il en ait déjà entendu parler auparavant. Au moins il n'y trouvera pas de souvenir qui puisse le retenir. Cette dernière nuit, il la passera ici, dans cet endroit encore un peu sauvage, escarpé, baigné par des eaux claires...

Assis sur un rocher, il regarde vers le large. « Il parait qu'avant de mourir on voit défiler toute sa vie. Je ne sais pas ce que je verrai mais je me souviens des images qui m'ont emmenées jusqu'ici » se dit-il. Enfant du vingtième siècle, il a passé une première partie de jeunesse heureuse et se souvient surtout de ces moments passés dans ce pays – celui de sa mère – qui est devenu le sien de coeur. Le vingt-et-unième siècle aura été bien plus sombre. Sa mère est décédée en 2003. Elle a toujours été d'une santé fragile, certainement en raison des évènements qu'elle a vécus en fuyant par la mer pour échouer dans un camp de réfugiés en France où son père la rencontrée. En 2010, un mois après son retour de congés, il a appris que l'entreprise qui l'employait allait fermer et s'était retrouvé au chômage. L'année suivante, son père a été emporté par la maladie. Et voilà qu'il y a deux semaines on lui a annoncé qu'à son tour il avait contracté une grave maladie. Après avoir plongé dans la déprime et s'être coupé du monde extérieur, il a pris la décision de partir. Définitivement. Devant l'insistance de son oncle Martin pour le persuader de revenir en France se faire soigner après son séjour au Viêt Nam, il a hésité. Mais il s'est finalement ravisé, dans l'avion, en choisissant de « finir là-bas, rapidement, et pas comme son père, à l'agonie pendant des semaines avec des tuyaux partout ».

Ce sera pour demain, jour de son anniversaire.

Le disque solaire émerge lentement à l'horizon. Des pêcheurs sont encore au large, face à la presqu'île de Mũi Né, comme chaque matin. Lui, il ne va pas dans cette direction. Il se lève et s'étire. Il approche de l'eau. « Toujours aussi bonne ! » se dit-il. Puis, à haute voix : « Bon anniversaire, Yann ! ». Il s'avance et entre dans les vagues jusqu'à hauteur du nombril, puis s'allonge pour nager.

Il nage pendant de longues minutes. Et il nage encore. Le soleil levant l'éblouit. Il continue de nager. Il commence à fatiguer. Il continue de nager. Une crampe naît dans sa jambe. La lumière du jour et ses reflets dans la mer chauffent son visage. Il a de plus en plus de mal à avancer. Le rivage est déjà loin. Il n'aura plus la force de faire demi-tour, comme prévu. Il continue de nager. De l'eau entre par son nez ; il tousse. Il arrive encore à percevoir le bruit de moteur des barques rondes au loin. La fatigue, l'éblouissement, les crampes, tout cela l'étourdit ; par réflexe, il ouvre la bouche pour prendre plus d'air ; l'eau salée s'y introduit. Il tousse encore, avale encore de l'eau, le soleil l'aveugle encore plus, sa tête plonge, elle heurte quelque chose. La nuit tombe.

Chapitre III

Retour

Il y a un immense champ de lavande dont les inflorescences bleu violacé ondoient à perte de vue sous le vent.

Il avance en flottant au-dessus des corolles inodores tandis que des nuages blancs se répandent dans le ciel. Une grappe de points jaunes lumineux jaillit dans cette mer fleurie. Il s'approche en tendant la main pour chercher à cueillir ce brin de mimosa.

Le paysage se fige un instant. La fleur d'or se détache pour venir se blottir dans ses doigts. La pluie se met à tomber sans bruit, seul un bourdonnement lui parvient aux oreilles, celui d'abeilles qui butinent. Puis le paysage tourne autour de lui et, alors que les fleurs surplombent sa tête, le bourdonnement continue ; il pleut de plus en plus fort, les gouttes montent vers son nez, entrent par sa bouche, l'empêchant de respirer comme il faut... Il suffoque et tousse... Il ouvre les yeux. Il tousse encore. Son regard rencontre une statuette trônant sur l'étagère en face de lui, un sourire qui lui évoque quelque chose : celui d'un Bouddha Rieur aperçu chez un marchand. Petit à petit il reprend conscience : la mer... l'oubli.

Le voici allongé dans une pièce dénuée de toute décoration. Quelque part on psalmodie. Ce... bourdonnement parvient jusqu'à lui en résonnant contre les murs nus. Il se redresse. Une douleur à la tête lui fait porter la main sur le plateau du crâne. Il la retire aussitôt, l'endroit est sensible. Quelques traces de sang desséché révèlent qu'il doit avoir une petite plaie. Il se lève mais, pris d'un vertige, il se rassied et ferme un instant les yeux. Quand il les rouvre, un vieil homme se tient devant lui, un sourire accueillant aux lèvres. Ce visage ne lui est pas inconnu. C'est celui du vieux moine qui s'était arrêté devant lui, à Phan Thiết ! Il se pince la peau du bras.

– Oui, vous êtes en vie ! annonce le religieux.

– Mais, où suis-je ?

– Chez vous !

– Chez moi ?

– C'est ici le logement des moines de la pagode qui se trouve juste à côté. Et ceux que nous accueillons sont aussi chez eux. Je suis Liêm.

– Je m'appelle Yann.

– Votre visage me rappelle quelqu'un.

– Le vôtre aussi.

– Oui, parce que vous m'avez vu à Phan Thiết... Mais moi, j'ai connu dans ma jeunesse un Français qui vous ressemblait beaucoup.

– À propos, comment savez-vous que je suis Français ?

– Votre accent, lorsque vous avez parlé vietnamien avec la serveuse...

– Vous-même, vous parlez très bien français !

– J'ai connu la présence de vos compatriotes pendant mes quinze premières années et j'ai étudié... J'en avais le temps... Mais, parlons de vous ; qu'est-ce que vous êtes allés faire si loin de la côte ?

Yann baisse la tête sans répondre.

– Vous n'êtes pas obligé de le dire... Mais vous savez certainement que ce n'est pas prudent ; vous avez failli vous noyer !

– Justement, c'était mon but ! avoue le jeune homme.

Le moine reste un instant silencieux, attendant que Yann relève son visage. Il le regarde un instant dans les yeux comme s'il condamnait ce geste. Puis il reprend :

– C'est raté. Ce n'était pas encore le moment !

– Comment ça ?

– Vous avez certainement encore des choses à accomplir dans cette vie !

– J'en doute...

– Pourquoi ?

– Je suis gravement malade et mon état va empirer…

– Même s'il ne vous reste qu'un seul jour, votre destin est de le vivre. Et, nous autres bouddhistes, nous croyons en la réincarnation ; le bien que vous faites dans la vie présente sera bénéfique pour votre prochaine vie... mais le mal appellera la douleur... Et je suis persuadé qu'en cherchant à mourir vous faites du mal à quelqu'un... à votre famille, peut-être... Si vous devez souffrir par votre maladie, c'est un prix que vous devez payer pour des actes négatifs que vous avez commis dans votre vie antérieure...

— Je ne sais pas...

— Je ne cherche pas à vous convaincre. Mais, au lieu de chercher des excuses pour mourir, méditez sereinement et vous trouverez certainement des raisons de vivre… Vous pouvez rester ici.

— Merci. Mais, moine Liêm...

— Oui, Yann ?

— Comment suis-je arrivé ici ?

— Un pêcheur vous a amené. Il m'a raconté qu'il vous observait de loin en train de nager. Après un moment il s'est dit que cela devenait dangereux et il est allé à votre rencontre. Il est arrivé juste quand vous commenciez à vous noyer et votre tête a heurté la coque de son canot. Il vous a hissé à bord, non sans mal, et vous a déposé ici car il ne savait d'où vous veniez ; il s'inquiétait aussi qu'en vous emmenant à l'hôpital, on lui fasse des ennuis en raison de la plaie à votre tête... explique le moine. Reposez-vous encore, maintenant, termine-t-il d'une voix apaisante en s'éloignant.

Puis il se retourne :

— Ah ! Si vous avez faim, il y a un bol de cháo sur la table.

« C'est vrai que j'ai faim, se dit Yann. Je n'ai pas mangé depuis mon arrivée sur Ghênh, c'est à dire... » Il se rend compte qu'il ignore depuis combien de temps il est ici. Il regarde machinalement sa montre. Elle indique 5 h 45. « Elle n'a pas supporté le bain ; elle a dû s'arrêter quand je me suis jeté à l'eau... » pense-t-il. Un coup d'oeil par la fenêtre lui permet d'estimer l'heure à la luminosité : Il doit être environ 18 h.

Il va s'asseoir à la petite table où l'attend un bol en mélaminé accompagné d'une cuillère en aluminium. Il ne lui faut pas longtemps pour avaler la soupe de riz. Il a encore faim mais il ne se sent pas d'attaque pour aller déambuler dehors, d'autant que la nuit tombe. « Qui dort, dîne, dit-on, alors je vais dormir... »

Le lendemain matin, il se lève à l'aube. Il se sent mieux mais son estomac gargouille fort. Il sort de la pièce en espérant trouver le moine. Personne. Il décide d'aller voir dans la pagode. Au moment de vouloir se chausser pour traverser la cour, il s'aperçoit qu'il n'a rien à se mettre aux pieds. Ses tongs doivent encore flotter quelque part dans la mer de Chine. Peu importe, il y va pieds nus.

Entre les deux bâtiments, deux enfants jouent avec des boites de bière vides. Ils sont vêtus de shorts et de chemises déchirés. L'un deux souffre d'un bras atrophié, l'autre semble en meilleure santé. Lorsqu'ils aperçoivent le Français, ils lui sourient. Il s'avance vers eux en leur rendant ce sourire et demande au premier s'il a vu le Liêm, le vieux moine. Il secoue la tête de gauche à droite.

Yann se renseigne auprès du deuxième ; celui-ci ne répond pas. Son camarade lance à Yann :

– Nó không thể nghe thấy !

Il est sourd.

– Chú ơi, con đói bụng quá !

Ils ont faim.

Yann leur adresse un sourire désolé et se rend dans la pagode dont il fait rapidement le tour sans trouver le moine. Il revient dans ce qui lui sert de chambre. Sur la table, un autre bol a remplacé celui de la veille. Du cháo. Il prend le bol et la cuillère et sort le donner aux enfants qui le remercient vivement. Il retourne ensuite à l'intérieur où il est surpris de sentir un parfum d'encens. Liêm vient d'allumer un bâtonnet qu'il plante dans un pot de sable devant la statuette.

– Je vous ai rapporté un bol... dit-il avant de se retourner.

– Je l'ai donné aux deux enfants, là-dehors...

– Voilà, par exemple, quelque chose que vous aviez encore à faire !...

– Ce n'est qu'une goutte d'eau dans l'océan de la misère...

– Les océans se sont remplis avec des gouttes ! fait remarquer le moine, en haussant les sourcils.

Après avoir marqué une pause, il demande :

– Alors, ça va mieux ?

– Oui. Hier soir, je n'ai pas pu m'endormir tout de suite, beaucoup de choses tournaient dans ma tête... J'ai réfléchi... J'ai vu des gens courageux qui ne possèdent pas grand chose ou sont malades... mais qui s'accrochent... J'ai pensé à ce que vous avez dit... Mon caractère optimiste a repris le dessus. Vous avez raison, il faut que je continue ma vie...

– Sage décision.

– Mais je voudrais d'abord rencontrer celui qui m'a sauvé la vie. Vous savez son nom ?

– Il ne me l'a pas laissé. Mais au village des pêcheurs, à Mũi Né, on doit le connaître. Il porte une casquette de marin comme Haddock.

– Haddock ?

– Oui, dans Tintin !

– Vous connaissez ?

– Si peu ; un jour, à Huế, un enfant m'a montré – sur un tableau reproduisant la couverture d'un livre – ce personnage qui l'amusait beaucoup avec sa grosse barbe ! Il m'a raconté que c'est une touriste avec des cheveux rouges qui lui a dit qu'il s'appelait ainsi... Je pense que tu devrais pouvoir le retrouver, peu de marins ici portent ce genre de casquette... Je peux te tutoyer ?

– Bien sûr ! Vous êtes presque de la génération de mon grand-père !

– Justement... Dis-moi, comment s'appelle ton grand-père ? demande le vieux moine dont le visage se fait plus grave.

– Abel.

– Abel Demay ? demande Liêm en levant les sourcils.

– Oui !

– Je m'en doutais... Cette ressemblance... dit le moine en scrutant le visage du jeune homme.

– Vous l'avez connu ?

– Dans ma jeunesse... C'était un homme bon !... Ouh !

Le vieil homme pâlit soudain en grimaçant.

– Qu'est-ce que vous avez ? s'inquiète Yann en aidant Liêm à s'asseoir sur la paillasse.

– Ce n'est pas grave, un coup de fatigue... C'est l'âge... Ecoute, je crois que tu peux maintenant partir, ton esprit est plus clair... Il faut que je me repose...

– Je vais vous aider à aller dans votre chambre...

– C'est ici.

– Mais alors, la nuit dernière...

– Peu importe... Encore une chose : tu vois le Bouddha Rieur, là ? L'encens aura fini de brûler dans quelques secondes. Je veux que tu le prennes et que tu l'emportes avec toi.

– Mais, je...

– Cette statuette te revient de droit ; c'est un porte-bonheur, tout ce qu'elle peut t'apporter est à toi... Va, maintenant, va ! termine Liêm avec une respiration profonde. Puis il ferme les yeux.

Yann se dirige vers l'étagère, considère un instant ce personnage hilare tenant sous le bras une turritelle en guise de corne d'abondance, puis finit par le prendre selon le voeu du moine. Il est un peu surpris par le poids ; il s'attendait à ce que l'objet en bois d'une vingtaine de centimètres de haut soit plus léger. « Il existe diverses essences plus ou moins denses, après tout... » se dit-il. Puis il revient vers Liêm. Ne voulant pas le déranger, il le salue en s'inclinant, gardant un instant la position pour écouter... Un léger sifflement d'air le rassure, l'homme respire tranquillement. Toutefois, il préfèrerait trouver quelqu'un à qui il puisse demander de veiller sur lui. Il décide de retourner voir à la pagode, l'endroit ne devant certainement pas rester désert toute la journée.

Dehors, le soleil a déjà fait grimper sensiblement la température. Les enfants sont partis. Il aperçoit un jeune bonze qu'il rejoint aussitôt. Yann lui explique qu'il est sur le point de partir et qu'il se fait du souci pour la santé de Liêm resté seul dans la chambre. Le novice l'informe qu'il est justement là pour veiller sur le vieux moine. Puis il baisse son regard sur la main de Yann qui tient la statuette. Ce dernier se sent gêné craignant une mauvaise interprétation de la situation mais, avant qu'il ne puisse donner une explication, le jeune homme le tranquillise, Liêm l'a mis au courant à propos de ce Bouddha Rieur. Il laisse ensuite Yann pour aller veiller le moine endormi. Juste avant qu'il n'entre dans la maison, Yann lui demande encore :

– Hôm nay là thứ mấy ?

– Thứ sáu.

Vendredi ! Il faut qu'il revienne à la pension sans tarder, il a réservé jusqu'à aujourd'hui ! Pour éviter d'éveiller l'attention, il enfouit la statuette dans un sachet trouvé par terre puis sort dans la rue. Il cherche un « honda-ôm » pour se faire ramener. Le premier homme auquel il s'adresse le jauge de haut en bas et refuse. Cet étranger pieds nus, sans le moindre sac ni pochette à la ceinture, ne lui inspire visiblement pas confiance. Un autre, en revanche, accepte de l'emmener ; mais, arrivé à destination, il descend également du cyclomoteur et suit Yann jusqu'à qu'ils rencontrent la patronne qui semble à la fois soulagée de retrouver son pensionnaire après deux jours sans nouvelles et étonnée de voir dans quel état il revient. Yann invente une escapade à Phan Thiết avant de lui signaler qu'il compte prolonger son séjour au moins jusqu'au week-end ; elle lui remet la clé de la chambre où il retrouve ses affaires et paye son chauffeur. Il récupère ensuite les deux enveloppes qu'il avait préparées, les jette à la poubelle puis range sa statuette dans le sac. Ceci fait, il y a encore deux choses urgentes dont il veut s'occuper : d'abord, il chausse les tongs mis à la disposition des clients et sort d'un pas vif pour commander à manger car il a l'impression d'être au bord de l'inanition. Justement, l'une des employées arrive à sa rencontre à propos du déjeuner. Il commande deux plats mais, pour commencer, des oeufs – c'est vite fait – et il demande qu'on les lui apporte dès qu'ils sont cuits. Deuxième urgence : prendre une douche. En trente secondes il est nu comme un ver ; il tourne le robinet et s'abandonne pendant plusieurs minutes à cette pluie tiède, presque fraîche, qui ruisselle sur ce corps – son corps – qu'il a décidé de conserver jusqu'au bout. Si son estomac ne criait pas famine, gardant ses sens un tant soit peu en éveil, il n'aurait pas entendu frapper à la porte. Il se saisit d'une serviette qu'il noue autour de la taille, et se dépêche d'aller ouvrir. L'employée lui tend un plateau sur lequel une belle assiette d'œufs au plat accompagnés de pain lui mettent l'eau à la bouche. Il ne tarde pas à s'attabler dans sa chambre, sans prendre le temps de s'habiller. Dix minutes plus tard, elle revient toquer. Il se lève et ouvre. Au même moment, la serviette faisant office de pagne se détache et tombe. La jeune femme surprise ne laisse heureusement pas échapper le plateau mais un petit cri, et détourne le regard. Yann se cache derrière le battant, confus, et demande qu'elle aille déposer la suite sous la gloriette ; il mangera à l'extérieur. Pour cela, il faudra tout de même qu'il se mette quelque chose sur le dos. Yann retourne dans la salle d'eau où il doit se rendre à l'évidence que ce ne seront pas ces vêtements-là, car ils sont mouillés ! Dans la précipitation, il n'avait pas pris soin de les suspendre correctement au crochet et les mouvements de la douchette ont achevé de les tremper. Il ne lui reste plus que son maillot de bain et un t-shirt au fond du sac. « Le jean, la chemise et la veste, ça ira pour rentrer mais, maintenant que mon séjour se prolonge, il faudrait que j'aille acheter des frusques, sinon ça va être short ! » se dit-il.

Après le déjeuner et un rasage approprié, il récupère ses vêtements mis à sécher au vent et se rend au marché de Mũi Né pour y choisir quelques habits légers en discutant les prix, comme il se doit. Il déniche deux bermudas à grands carreaux et deux chemisettes blanches à son goût auxquels il adjoint quelques sous-vêtements. Il en profite pour acheter une petite valise et se procurer une carte sim qui fonctionne sur les réseaux du pays, puis envoie un SMS à son oncle Martin afin de le rassurer et l'informer qu'il prévoit de rentrer en France d'ici une dizaine de jours. Il espère que, dans l'intervalle, il aura le temps de retrouver le pêcheur, mais pas seulement... Il compte bien revoir Luru Ly !

Il voudrait lui dire qu'il ne l'a pas oubliée ; il voudrait savoir clairement quels sont les sentiments de la jeune femme à son égard ; après tout, l'autre jour, quand il a fui en cyclomoteur, elle avait fait un pas vers lui... Avait-elle voulu lui parler ? L'avait-elle reconnu ?

Yann est cependant tiraillé entre l'envie de reprendre leur relation où elle s'était arrêtée, et l'idée que cela ne mènerait pas très loin en raison de son état de santé avec le risque de rendre une séparation encore plus douloureuse.

Leur rencontre avait été brève, mais, quand il se remémore ces instants vécus il y a un peu moins de deux ans et demi, il a l'impression que quelque chose s'était passé entre eux ; une flamme s'était alors allumée dans son esprit, peut-être même est-ce la seule lueur d'espoir qui l'ait animé durant ces derniers mois difficiles... jusqu'à l'annonce du diagnostic qui a fait l'effet d'un souffle sur une bougie.

À son retour en France, juste avant le réveillon de la St Sylvestre, il avait téléphoné deux fois à Luru Ly ; ils avaient échangé quelques mots, il avait entendu son sourire et goûté ses paroles, revu l'image de son visage et senti qu'il ne lui avait pas été indifférent. Dans les temps qui ont suivi cet appel, les évènements malheureux se sont succédés : la perte de son travail, la difficulté d'en retrouver et, surtout, le décès de son père. Pendant cette période, il n'avait pas voulu rappeler la jeune femme, se disant qu'avec un moral en berne, il n'aurait pas été d'agréable compagnie. Malgré cela, au cours du printemps 2011, il avait tenté de la joindre à plusieurs reprises, mais en vain. Le silence de quatre mois l'avait-il fâchée ? Yann s'était dit qu'elle le rappellerait peut-être car son numéro avait dû s'afficher lors de son précédent coup de fil, mais la mélodie attendue n'a jamais sonné. L'avait-elle oublié ou avait-ce simplement été un problème de réseau ? Cette pensée lui donne une idée aussitôt suivie d'un sourire : « Voilà l'occasion de réessayer, puisque je suis sur place ! » Le numéro de Luu Ly figure toujours dans son répertoire ; il faut juste le coup de pouce qu'il donne pour lancer l'appel tout en sirotant un jus de canne à sucre. Au bout de quelques secondes, son visage se rembrunit : le correspondant répond qu'il ne connaît personne de ce nom ; cette fois, non seulement Yann n'arrive plus à joindre la jeune femme, mais, en plus, il semble qu'elle ait changé de numéro. Son optimisme en reprend un coup. Son obstination, en revanche, le pousse à trouver des solutions : « Je me dégotterai le numéro du commerce de sa tante au marché de Saigon ; elle pourra déjà me dire si Luu Ly est revenue travailler chez elle ou, sinon, me donner les coordonnées de ses parents à Phan Thiết. Et dans les prochains jours, tant que je suis encore dans le coin, j'irai au marché où je l'ai aperçue, lundi. Avec un peu de chance, si elle est encore ici, elle va y retourner faire des courses... »

Cet après-midi, inutile d'aller à Mũi Né au village des pêcheurs, il n'y trouvera certainement personne pour le renseigner, selon lui ; il préfère donc revenir à Hoa Biển et aller se changer pour piquer une tête dans les vagues.

Il cherche la baignade rafraîchissante ; il hésite un instant car l'entrée dans l'eau lui évoque sa tentative de suicide. Toutefois, aller faire quelques brasses en mer est aussi pour lui une façon de conjurer un risque de phobie, de vérifier l'impact psychologique que son geste aura éventuellement laissé. Il s'allonge alors et se laisse porter par l'océan ; dans les premiers instants, il ressent une sorte d'oppression, notamment lorsqu'une vague un peu plus forte lui recouvre le visage. Il se redresse brusquement et se met debout en toussant. Mais il reprend rapidement son calme pour se remettre à nager, sans toutefois s'éloigner trop du rivage afin de rester dans la zone rassurante où il a pied. Au bout d'un quart d'heure, il revient sur la plage, s'asseoir à l'ombre des cocotiers, laissant la mer lui caresser les jambes, regardant la côte qui s'étire jusqu'à la presqu'île.

Toutes les petites barques rondes sont parquées sur le sable dans l'attente de la prochaine sortie des marins. La vendeuse de coquillages passe par là et lui demande s'il veut en manger plus tard. Il décline la proposition pour aujourd'hui : en rentrant à la pension, il a déjà commandé un plat en vue du dîner. Il en profite pour la questionner, à tout hasard, à propos d'un pêcheur portant une casquette sur laquelle est dessinée une ancre. Elle lui répond qu'il lui est arrivé de le voir mais, pour autant qu'elle sache, il ne vient qu'occasionnellement et invite Yann à se rendre au village demain matin pour se renseigner. Cette lueur d'espoir lui donne de l'appétit pour ce soir. Une autre question le turlupine cependant : que pourrait-il bien faire ou offrir pour remercier l'homme ? Il songe au Bouddha Rieur : l'objet revêt une grande valeur aux yeux de Liêm et à fortiori pour Yann qui l'a reçu en cadeau sans vraiment comprendre pourquoi. Cette statuette que le vieux moine a qualifiée de « porte-bonheur », saura-t-elle bénéficier de la même considération auprès de quelqu'un d'autre ? Yann n'en sait rien. « Après tout, je dois d'abord le rencontrer ; peut-être qu'ensuite j'aurai une idée plus précise de la façon de le remercier », conclut-il.

Cette soirée, il la passe allongé sur son lit, les mains sous la tête, à réfléchir à l'avenir. Après avoir retravaillé pendant deux ans, il a été une nouvelle fois licencié pour motifs économiques le mois dernier ; mais en raison de sa maladie, il est peu probable qu'il retrouve un job. Il reste quelques mensualités de son prêt immobilier à payer et tout le quotidien... Certes, il possède quelques économies, ce qui représente environ 20.000 euros, provenant essentiellement de l'héritage de son père après la vente de l'appartement de ce dernier, déduction faite de divers impôts et taxes, et d'un montant qui lui avait permis de rembourser par anticipation une part de son propre crédit immobilier. Cependant, les réserves finissent par s'épuiser si on ne peut pas les alimenter. Au moins dans un premier temps, il va pouvoir bénéficier de l'assurance chômage et ensuite, peut-être, d'une prise en charge par la sécurité sociale. « Il va falloir s'occuper de tout ça en rentrant... Et le plus tôt serait le mieux, se dit-il ; qui sait, j'ai peut-être une chance de m'en sortir. En tous cas l'oncle Martin y croit... Et, si c'est le cas, il faudra que j'assure pour la suite !... »

Yann se laisse bercer et même emporter par l'imagination : s'il revoit Lưu Ly, que tous deux s'entendent bien, qu'ils se lient, qu'ils s'unissent, il devra alors subvenir aux besoins du couple et, qui sait, d'une famille !... Elle viendra vivre en France avec lui... À moins qu'ils ne restent au Viêt Nam... Mais, si en tant que touriste, on trouve ici la vie bien agréable, l'appréciation est différente lorsqu'il s'agit de la gagner. Encore faut-il trouver du travail... Et si son état de santé demandait des soins réguliers et spécialisés, il serait certainement mieux loti en France... Son état de santé : voilà encore un point important qui conditionne l'éventuelle relation qu'il pourrait avoir avec la jeune femme. Et elle, dans tout ça ? Quel est son avis ? A-t-elle envie de le revoir ? Voudrait-elle seulement de Yann ?

Ces interrogations tournent dans sa tête de plus en plus embrumée par la fatigue et finissent par s'estomper dans son sommeil.

Au matin, il récupère son portable mis en charge sur la table. Il a reçu un message de l'oncle Martin, soulagé par les nouvelles et cette « sage décision » consistant à rentrer se faire soigner. Il l'attend impatiemment et lui demande de l'avertir dès qu'il connaîtra les horaires de vol, pour qu'il puisse venir le chercher à l'aéroport

« Décidément, il veut pas me lâcher, tonton ! », se dit Yann en souriant. Cet empressement, il ne le perçoit pas comme une contrainte, mais comme un geste d'affection de la part de son oncle, grand voyageur demeuré célibataire, dont Yann est le seul membre restant de la famille. Pour Martin, si son neveu peut encore escompter avoir femme et enfants, lui n'y parviendra plus... Et cela semble manquer à ce sexagénaire qui, à défaut d'une belle-fille et de petits enfants, espère un jour voir arriver des bambins ressemblant à Yann et sa compagne. Voilà aussi l'une des raisons qui le motivent à pousser le jeune homme afin qu'il ne se laisse pas aller et surmonte les nombreuses difficultés de la vie auxquelles il a été confronté ces dernières années.

Yann s'aperçoit qu'il ne s'est pas encore occupé du billet retour. Il compte se brancher sur Internet et réserver un siège par cette voie. Pour cela, non seulement il lui faut trouver un ordinateur ou une tablette, mais aussi définir un délai de retour. Il sait qu'il doit absolument se fixer une date, quel que soit le résultat de ses recherches, et sans trop tarder, pour conserver les meilleures chances de guérison. À ce propos, il vient de remarquer que, curieusement, depuis son arrivée au Viêt Nam, il se sent en pleine forme. « Serait-ce l'air du pays qui me fait du bien ? » se prend-il à penser en allant se doucher.

Lorsqu'il ressort de la salle d'eau, il entend frapper à la porte. Il s'entoure la taille d'une serviette qu'il maintient d'une main et, de l'autre, va ouvrir, tout dégoulinant. C'est la jeune employée ; elle sourit, baisse les yeux comme par timidité, puis le regarde à nouveau.

– C'est pas à tous les coups ! lâche-t-il en français, sachant qu'elle ne comprend pas.

– Cái gì ?

– Không có gì, répond Yann avec un sourire amusé pour lui expliquer que sa réflexion n'a aucune importance.

Elle vient lui demander s'il souhaite prendre un petit déjeuner. Il commande juste un café car il compte aller manger au village et réserve par la même occasion un cyclomoteur à cet effet. Elle s'en va tout en prenant une communication sur son mobile qui vient de sonner, tandis que Yann referme la porte et va s'habiller. Il n'a pas fini d'enfiler ses vêtements que déjà il aperçoit par la fenêtre l'employée qui revient. « Décidément, elle s'accroche ! » se dit Yann en ouvrant avant qu'elle n'ait eu le temps de toquer. Elle vient, en fait, lui remettre les clés du cyclomoteur qu'il a loué ; cette fois, elle n'arbore pas son sourire malicieux. « Elle a l'air déçu, du coup... » pense-t-il.

Après avoir bu son café, Yann va se renseigner auprès du patron sur la possibilité d'un accès Internet. Ce dernier lui répond qu'il y a un ordinateur à disposition des clients dans une pièce annexe où il l'invite à l'accompagner pour le lui montrer. Il s'agit d'un appareil datant d'il y a bien cinq ans, mais il fera l'affaire selon Yann qui envisage de s'en servir dans la soirée. Il enfourche ensuite son deux-roues et file au village des pêcheurs, à Mũi Né.

Comme il ne s'est pas réveillé aux aurores, il préfère aller en premier lieu sur la plage avant de manger, espérant rencontrer encore quelqu'un qui pourra le guider vers le « capitaine Haddock ». La majorité des hommes de la mer sont déjà partis mais il en rencontre quelques uns occupés à réparer une coque, un moteur ou des filets. Il n'obtient aucune réponse intéressante et pense alors à chercher celui qui l'avait emmené sur Ghênh ; les anciens savent toujours beaucoup de choses, selon lui. Une femme en train de laver des coquillages l'informe qu'il n'est pas venu aujourd'hui, ni hier. Yann évoque l'hypothèse de la maladie mais elle contredit d'emblée en précisant qu'elle est passée tôt ce matin à la maison du marin où elle a trouvé porte close. Des voisins lui ont dit l'avoir vu partir l'avant-veille; il avait l'air soucieux. Elle conseille à Yann de retenter sa chance demain matin de bonne heure et, avant de le laisser partir, propose quelques fruits de mer à la vente. Il décline l'offre avec un sourire poli et retourne vers la rue principale pour s'attabler devant un bol de pâtes qu'il mange sans grand enthousiasme tant il est déçu du résultat de ses investigations.

Son repas terminé, il consulte sa montre. S'il ne tarde pas trop, il pourrait être au marché de Phan Thiết avant midi avec une chance d'y rencontrer Lưu Ly ; le hasard sera peut-être une nouvelle fois au rendez-vous, mais à son avantage. Il paye, récupère son deux-roues et fonce vers la ville voisine.

Tout en roulant, il s'interroge sur l'opportunité de vouloir absolument revoir la jeune femme. Que lui dira-t-il alors, dans ce cas ? Et que lui dira-t-il encore après avoir expliqué son comportement de l'autre jour... Après qu'ils se soient éventuellement expliqués *tous les deux* sur ce silence qui a duré de longs mois ? Toutes ces questions, il se les est déjà posées maintes fois, d'une manière ou d'une autre, sans pouvoir y apporter de réponse et cela lui donne l'impression de tourner en rond... Peu importe, pourvu qu'il puisse la revoir ; ensuite, il faudra aviser en fonction de ses sentiments à elle et sans se cacher la vérité... La rencontre entre eux sera finalement la seule façon de mettre fin à ses interrogations et de pouvoir envisager plus sereinement la suite des évènements. C'est la conclusion à laquelle arrive Yann dont l'obsession pour la jeune femme n'a cessé de croître, notamment depuis son réveil à la maison des moines, comme si la passion avait couvé au fond de lui pendant tout ce temps, depuis la première fois où leurs regards se sont croisés, pour s'activer soudainement avec cette foi en la vie qu'a réveillée en lui sa discussion avec Liêm.

En route, il décide de faire un crochet par la pagode – ou, plus précisément, la maison qui sert d'annexe aux moines – pour rendre visite à Liêm.

Arrivé à l'entrée de la ruelle qui mène à la cour, il aperçoit, au fond, les deux gamins assis par terre en train de jouer. Il gare son cyclomoteur et commence par faire de petites courses : des fruits, des briques de lait aromatisé avec leurs pailles, un paquet de bonbon, deux plats de riz au poulet et deux casquettes car les petits sont souvent au soleil sans rien sur la tête pour les protéger. Il entre ensuite à pied dans le passage et se dirige vers eux, un gros sac en nylon à la main.

Comme lors de leur première rencontre, ils le gratifient d'un grand sourire suivi d'un « chào chú » de bienvenue. Yann pose le sachet sur le sol, en sort les couvre-chefs de couleur et leur en pose un à chacun sur sa tignasse d'ébène. Ils les retirent immédiatement pour les regarder, puis se les échangent en riant. Le plus grand explique que son camarade de jeu préfère la rouge, puis ils remercient Yann. Celui-ci roule ensuite les bords du sachet jusqu'à laisser apparaître son contenu en les invitants à se servir, ce qu'ils font en poussant des cris de joie.

Yann les laisse à leur occupation pour entrer dans la maison. Il y règne la même quiétude qu'au jour où il y a ouvert les yeux ; seules les exclamations des enfants au-dehors viennent résonner dans le silence ambiant. Il s'arrête au seuil de la chambre et penche la tête par discrétion afin de vérifier s'il y a quelqu'un. Sur la paillasse, un moine semble se reposer. Yann se racle la gorge pour manifester sa présence. L'homme se redresse, se retourne et, apercevant le visiteur, se lève en l'accueillant avec le sourire. Yann s'excuse et lui dit qu'il souhaitait rendre visite à Liêm. Son interlocuteur l'informe qu'il est reparti pour Nha Trang, la ville où il a passé ses jeunes années en tant que novice ; puis, avant que Yann n'ait le temps de se renseigner sur l'état de santé du vieil homme, le bonze lui fait savoir, à sa grande surprise, que Liêm s'attendait à la visite d'un dénommé « Yann » – ce qu'il confirme être – à qui il doit transmettre ses remerciements pour cette visite, que son corps fatigué l'a conduit à se retirer, mais qu'il garde bon moral, qu'avec l'aide de Bouddha il vivra sa vie pleinement jusqu'à la dernière minute que son corps lui laissera et, enfin, qu'il espère que Yann a gardé sa nouvelle sérénité pour en faire de même.

Après avoir attentivement écouté ces paroles et n'ayant pas d'autre question à poser, le jeune homme prend congé du moine en le remerciant.

Tout en rejoignant la rue pour récupérer son deux-roues, il s'étonne encore de cette situation saugrenue et de la perspicacité de Liêm à qui il pensait faire la surprise d'une visite et qui, finalement, l'a surpris, lui, à la fois par son absence mais aussi en montrant qu'il s'attendait à ladite visite ! « En conclusion, si je veux le voir, il faut que j'aille à Nha Trang... Pour peu que Luu Ly soit retournée à Saigon... Plus le temps passe, plus les gens que je cherche s'éloignent les uns des autres, se dit Yann. Bon, allez, direction le marché ! »

C'est une heure de pointe en cette fin de matinée. Au ballet habituel des cyclomoteurs et des poids lourds s'ajoutent de nombreux cars de voyagistes qui font la navette sur la route côtière en passant par ici. Yann est rompu à la conduite dans ce trafic, il a « fait ses classes à Saigon » comme il aime à le dire. Mais si le « jeu » consiste à rester toujours en mouvement jusqu'à destination, il arrive qu'il faille tout de même certaines fois marquer l'arrêt. Ce qui est précisément le cas maintenant puisqu'un camion porte-container débouche d'une rue adjacente, lentement mais sûrement, pour tourner dans la rue principale, forçant le flux à s'arrêter progressivement. Yann met pied à terre. Soudain, à travers l'espace existant entre la cabine et le chargement, il distingue parmi les passants à une cinquantaine de mètres plus loin, une silhouette familière sortant d'une officine de pharmacie. Une jeune femme portant un t-shirt sur lequel se dessine la forme de la Tour Eiffel. C'est elle ! Luru Ly ! Il l'appelle, mais le bruit de la circulation couvre sa voix ; de plus, elle vient d'enfiler son casque et s'apprête à grimper derrière un cyclomotoriste. Yann crie une nouvelle fois « Luru Ly ! » Elle n'entend pas. Il tente alors une manoeuvre pour contourner le poids lourd tandis que celui-ci vire pour s'insérer dans sa voie de circulation : Mais Yann se retrouve nez à nez avec un car, heureusement à l'arrêt, ce qui le contraint à freiner brutalement, le faisant glisser du repose-pied et prendre un coup dans le mollet. La collision est évitée de justesse, la chute aussi. Cependant, le temps qu'il reprenne le contrôle de sa direction, le deux-roues emportant Luru Ly s'est évaporé dans le trafic.

Yann peste à haute voix : « Merde ! Je n'y arriverai donc jamais ? »

– Excusez-moi ! lance quelqu'un depuis le trottoir.

Il tourne la tête. Une jeune femme aux cheveux roux, le look « routarde » avec son pantalon large, son haut en tissu léger, ses bracelets de cordelette et un sac de voyage à la main, lui fait signe. Il pousse son deux-roues pour se rapprocher en boitant.

– Vous êtes Français ? reprend-elle.

– Oui ! Ça a dû s'entendre ! répond Yann en souriant avec un air contrit.

– C'est vrai !... Vous vous êtes fait mal ?

– Ce n'est rien, juste le mollet...

– Vous devez être un habitué du coin, je vois que vous avez votre propre mobylette...

– Un peu ; j'y suis déjà venu plusieurs fois...

– Vous pourriez peut-être me conseiller un hôtel chouette, pas trop cher ?... J'ai débarqué à Phan Thiết alors que c'était pas prévu...

– Malheureusement je peux difficilement vous indiquer un bon plan ici ; je loge toujours à Mũi Né...

– Dans un « resort »?

– En quelque sorte. C'est un guest house, une pension, quoi, mais plutôt fréquentée par les autochtones, moins par les touristes étrangers ; c'est moins commercial et plus familial, je dirais, comme ambiance...

– Je préfère aussi ; les palaces, c'est pas mon truc... Vous savez s'il y a encore de la place ?

– Je pense... Je peux toujours vous y emmener, je vais rentrer, là…

– Ah ! Génial ! dit la jeune femme, ravie. Au fait, je m'appelle Alex, je suis Belge.

– Moi, c'est Yann.

Il lui donne son casque, elle grimpe à l'arrière en passant le bras dans les anses du sac puis il démarre. Sa passagère, un peu surprise, s'agrippe à sa taille. Arrivés à Hoa Biển, il lui présente la patronne qui l'accueille et lui fait visiter les lieux pour qu'elle choisisse sa chambre.

À 13 h, il prennent le déjeuner ensemble sous la gloriette, bientôt rejoints par Dimitri auquel Alex semble beaucoup s'intéresser, d'autant plus qu'elle aurait déjà séjourné à St Petersbourg, ville natale du Russe, ce qui leur donne un sujet inépuisable de discussion durant l'après-midi qu'ils ponctuent de baignades, tandis que Yann s'occupe, entre autres, d'aller réserver son vol de retour. Le soir après le dîner, ces deux-là vont faire une balade au clair de lune sur la plage, prenant congé de Yann qui préfère rejoindre sa chambre et se coucher ; demain il veut se lever tôt pour ne pas louper les pêcheurs.

Après une bonne douche, il s'assied sur le lit et regarde sa statuette qu'il a posée sur la table, comme s'il souhaitait qu'elle lui porte chance. Puis il lui fait un clin d'œil complice, et s'allonge.

Sur la page qui sert de port, la marée descendante laisse place à l'activité quotidienne autour des barques bleues.

Yann a garé sa honda non loin du rivage et traverse à pied la bande de sable jusqu'à l'endroit même où, une semaine auparavant, il était venu rejoindre Cường. Il n'a aucun mal à reconnaître le vieux pêcheur en train de décrocher les poissons d'un filet ; il s'avance vers lui et le salue. Ce dernier lève la tête et demande en haussant les sourcils d'un air étonné :

– À ! Đi chơi đảo Ghềnh về hả !

– Vâng ! répond laconiquement Yann qui ne souhaite pas s'étendre sur son retour de l'île.

Tout en poursuivant sa tâche, le marin cherche à savoir si ce qui amène le jeune homme c'est le souvenir de leur conversation à propos de sa nièce. Yann ne veut pas le décevoir et répond qu'il serait enchanté de la rencontrer pour parler français et de son pays si cela lui faisait plaisir, mais il avoue être venu pour savoir où trouver le pêcheur qui porte une casquette avec le dessin d'une ancre...

Le vieux interrompt son travail et, l'expression de son visage se faisant plus grave, demande à Yann de quelle manière il est revenu de Ghềnh. Ce dernier, étonné, tente d'éluder la question en indiquant que c'est justement pour cette raison qu'il souhaite rencontrer l'homme. Cường adopte alors un ton où transparaît un soupçon de méfiance ; il dit se douter de la façon dont Yann est revenu de l'île mais il voudrait savoir quel motif le pousse à rechercher le pêcheur. Yann ne comprend pas trop cette prudente curiosité du marin qui, visiblement, est au courant de ses péripéties. Il décide cependant de répondre directement aux interrogations de Cường en expliquant que c'est pour le remercier de l'avoir sorti de l'eau. Et le coup à la tête ? Il est involontaire et, quoi qu'il en soit, ne pèse pas lourd dans la balance par rapport à sa vie sauve !

Le vieux pêcheur reste un instant silencieux en fixant Yann de son regard profond. Un sourire se dessine sur son visage tanné par les années de soleil.

Il sort de sa poche un crayon, un bout de crayon plutôt, maintes fois retaillé au couteau, et un petit carnet sur lequel il inscrit quelques mots. Tout en écrivant, il dresse brièvement le portrait de l'homme et raconte que ce dernier a eu un accident et se trouve actuellement à l'hôpital. Puis il arrache le feuillet et le tend à Yann en terminant :

– Này !... Nó là em tôi.

Chapitre IV

Rencontres

Yann n'a pas voulu tarder, il a donc enfourché son cyclomoteur aussitôt après que Cường lui ait remis le papier sur lequel il a noté le nom et l'adresse de Thìn, « l'homme à la casquette de Haddock ».

« Décidément, Cường est efficace ; deux fois que je m'adresse à lui, à chaque fois il me fournit la solution, que ce soit pour aller sur Ghềnh ou pour retrouver mon sauveur, se dit Yann en roulant vers Phan Thiết. C'est vrai que j'ai eu la chance de tomber sur la bonne personne... Dire que celui qui m'a ramené de l'île n'est autre que le frère de celui qui m'y a emmené !... Difficile de tomber plus près ! »

Thìn est un ancien pêcheur reconverti dans le bâtiment ; lorsqu'il n'a pas de chantier, il va aider son frère ou lui emprunte une barque pour aller jeter les filets, ce qui a été le cas en début de semaine, d'où sa présence en mer lorsque Yann a tenté de se noyer. Malheureusement, il y a deux jours, en reprenant son travail habituel, il est tombé d'un mur et s'est gravement blessé. Cependant, Yann ne se rend pas directement à l'hôpital pour le voir ; sur les conseils de Cường, il va d'abord se présenter auprès de sa famille qui, selon l'état de santé du blessé, l'emmènera lui rendre visite.

L'adresse, il l'a en tête. Arrivé en ville, il ne lui faut pas longtemps pour trouver la maison après s'être renseigné auprès d'un commerçant dans une artère principale.

Après avoir tourné trois fois dans des rues adjacentes, il parvient au domicile de Thìn, une petite maison étroite au toit rouge, sur deux niveaux, avec un minuscule balcon, coincée dans l'enfilement typique des habitations de ville. Derrière la grille, quelques pots de fleurs décorent une courette carrelée sur laquelle donne la porte d'entrée ; elle est ouverte.

Yann arrête le moteur et cale son deux-roues sur la béquille. Dans le voisinage, ici des enfants jouent sur le seuil, là un chien aboie, un lézard détale sur un mur, en face, des oiseaux sifflent dans une cage. Quelqu'un jette un œil par une entrée puis retourne vaquer à ses occupations. Chez Thìn, tout semble calme, comme s'il n'y avait personne. Depuis la rue, Yann essaye de voir, de distinguer une présence dans la pièce principale qu'il perçoit à contre-jour, ébloui par la réverbération de la lumière du soleil sur les murs extérieurs clairs.

Yann ne sait trop comment se faire remarquer. À tout hasard, sachant bien que l'intéressé n'est pas là, il appelle : « Chú Thìn ! »

Une silhouette se détache alors de la pénombre intérieure ; une dame apparaît derrière la grille. Elle sourit et hoche la tête pour saluer le visiteur dont le visage occidental semble sinon l'intimider, en tous cas l'embarrasser un peu ; elle ne sait trop comment lui demander ce qu'il veut. Yann prend les devants avec ses rudiments de vietnamien pour indiquer qu'il cherche le pêcheur :

– Tôi tìm ông Thìn...

– Ông không ở nhà... annonce la dame dont le visage soudain se rembrunit.

Avant qu'il n'ait le temps de dire être au courant de son absence, une autre voix féminine intervient, semblant provenir de l'étage :

– Ai đây, má ?

Yann se souvient que Cường avait parlé de sa nièce ; il en déduit que ce doit être elle qui interroge sa mère sur le visiteur. Cette dernière répond qu'il s'agit d'un étranger qu'elle n'a jamais vu et qui cherche son père.

On entend des pas qui dégringolent les marches de l'escalier métallique au fond de la pièce puis un bruissement de pieds nus sur le sol qui se rapproche. Un visage apparaît.

– Lưu Ly ! s'exclame Yann, stupéfait.

– Yann !? s'étonne en même temps la jeune femme.

La maman de Lưu Ly regarde alternativement le visage de chacun des jeunes gens, elle-même très surprise. Elle demande à sa fille si elle connaît le jeune homme. Luru Ly répond simplement qu'ils se sont rencontrés un jour à Saigon. Tous deux restent un instant muets, Yann semblant comme hypnotisé par cette rencontre inattendue.

– Qu'est-ce que vous voulez ? demande finalement la jeune femme, le visage fermé.

– On se tutoie plus ?

– Je ne sais pas...

– En fait, je viens pour ton père…

– Ah ! Alors c'est toi, l'étranger qu'il emmène à la pagode ? demande-t-elle, sur un ton de méfiance.

– Oui.

– Mon père ne veut pas te faire du mal !… explique-t-elle, alors que sa mère semble s'inquiéter un peu plus, d'autant plus qu'elle ne comprend rien au français.

– Mais je le sais ! s'exclame Yann en souriant franchement. Je ne viens pas pour lui faire des reproches mais pour le remercier ! Pourquoi tout le monde pense que je suis fâché contre lui ?

– Pourquoi remercier ?

– Il m'a sauvé la vie, voyons !

Luru Ly hésite un moment puis se décide enfin à sourire. Un sourire de soulagement, seulement, perçoit Yann qui espère un jour obtenir d'elle celui du plaisir de se retrouver.

Luru Ly explique la situation à sa mère dont le visage se rassérène à son tour. Celle-ci ouvre la porte de la grille et invite le jeune homme à entrer, puis elle disparaît au fond de la maison. Luru Ly propose à Yann de s'asseoir dans le fauteuil tandis qu'elle prend place en face de lui, sur l'un des tabourets qui entourent la table basse. Yann jette un bref coup d'œil alentour. Hormis le coin salon où ils se trouvent, le mobilier de la pièce se limite à un vaisselier en teck qui visiblement sert de rangement tous usages, sur lequel sont disposés les portraits d'ancêtres de la famille et, en face, une console à vocation spirituelle comme en témoigne la présence d'une statuette de Bouddha et d'un pot de sable piqué de bâtonnets d'encens. L'un d'entre eux vient d'être allumé il y a peu de temps, laissant flotter son parfum apaisant. Sur l'un des murs bleu clair un tableau de peinture et de nacre représentant une scène de pêche constitue l'un des rares effets de décoration avec la photo encadrée de la Tour Eiffel accrochée à proximité de l'entrée. Un ventilateur mural assure la circulation de l'air par fortes chaleurs.

Luu Ly rompt le silence :

– Mon père n'est pas là.

– Je sais, ton oncle Cường me l'a dit...

– Tu connais bác hai ?

– Oui. C'est lui qui m'a donné votre adresse.

La maman arrive avec un plateau chargé de verres, d'une théière, de boites de boissons et d'une assiette de longanes qu'elle propose à Yann. Celui-ci choisit un verre de thé au jasmin.

Luu Ly poursuit son interrogatoire pendant que sa mère invite le jeune homme à se servir en fruits.

– Comment tu connais bác hai ?

– Je cherchais quelqu'un pour m'emmener sur l'île de Ghềnh ; je l'ai rencontré comme ça.

– Et tu es allé nager trop loin !? dit Luu Ly sur un ton de reproche.

– Oui… reconnaît Yann, pas encore prêt à avouer la suite. Le moine Liêm, à la pagode, m'a dit que la barque de ton père a heurté ma tête quand il s'est approché. Mais il n'a pas fait exprès, je suis sûr ; c'est à cause d'une vague. Mais heureusement que ton père était là, sinon je me serai noyé !... Et ton oncle m'a dit que ton père a eu un accident, qu'il est à l'hôpital. Est-ce que je pourrais aller lui rendre visite ?

– Je dois lui apporter à manger ce soir, alors tu peux venir avec moi, mais je dois d'abord lui parler sinon il a peut-être peur quand il te voit… Il croit toujours il t'a blessé…

– D'accord. Je fais comme tu veux.

– Alors, tu viens ici à 5 h 30 le soir.

– Très bien...

Tandis que Yann termine son thé, Luru Ly tient sa mère au courant de leur discussion. Soudain, cette dernière est prise d'une quinte de toux. La jeune femme se lève pour la prendre par le bras et lui demande :

– Má có uống thuốc chưa ?

– Có rồi.

– Má cứ đi nghĩ nhé !

Yann se lève à son tour et s'inquiète auprès de Luru Ly de la santé de sa mère, ayant compris qu'elle a pris des médicaments et qu'elle doit aller se reposer.

– Ma mère est malade depuis deux mois ; c'est pour ça, je suis ici au lieu de travailler chez ma tante ; c'est pour l'aider...

– Et le médecin a dit quoi ?

– C'est une maladie des poumons. C'est très long pour guérir...

– Vous êtes allés chez quel médecin ?

– À Phan Thiết...

– Tu travailles à Saigon, tu connais sûrement l'hôpital « Việt-Pháp »...

– Oui, je sais, mais c'est trop... loin.

Sur ces mots, Lưu Ly raccompagne Yann. Sur le seuil, il s'arrête.

– Lưu Ly, est-ce que tu as un peu de temps, je voudrais te parler.

– Parler quoi ?

– Beaucoup de choses... répond-il en la regardant en face. Elle a un visage fatigué qui témoigne des nuits perturbées et de la charge des soucis qui pèsent sur elle depuis quelques temps. Mais il y a toujours cet indéniable charme qui transparaît dans son regard et dans son sourire aussi lorsqu'elle le laisse échapper par les interstices de sa peine.

Après un instant de réflexion, elle répond :

– Ce soir tu viens visiter mon père. Après ça, peut-être.

– Très bien... Alors, à ce soir ! dit Yann en mettant son casque.

Juste avant qu'il ne démarre elle demande encore :

– Tu habites quel hôtel ?

– À Mũi Né, nhà nghĩ Hoa Biển.

– Hoa Biển ? s'étonne la jeune femme.

– Oui. Tu connais ?

– Je suis allé là déjà... dit-elle, sans préciser. Puis elle le salue. Il s'en va.

Arrivé au bout de la rue, il ne sait trop quelle direction prendre. Rentrer à la pension pour revenir en fin d'après-midi, ou bien rester en ville où il se peut qu'il rencontre la jeune femme et risque de lui paraître collant. Tandis qu'il roule, les pensées tournent dans sa tête. Pourquoi est-elle si distante ? Son attitude d'il y a une semaine, lorsqu'il a semblé la fuir, l'a certainement blessée. Lui aussi, par ailleurs, pourrait en vouloir à Luru Ly qui n'a plus répondu à ses appels ! « Mais quel égoïste je fais à croire que je suis son principal centre d'intérêt ! Et puis, y a qu'à attendre ce soir, on verra bien la suite des événements ! » conclut Yann qui a finalement pris la route de Mũi Né.

De retour au village, il va acheter quelques fruits dont un durian et des desserts à base de riz gluant, puis revient à la pension, s'arrêtant en chemin pour retirer de l'argent au distributeur local.

Après le déjeuner, il s'allonge sur l'un des hamacs et ferme les yeux. Contrairement au début de la semaine, il savoure cette fois ce moment sans que de sombres pensées viennent ponctuer les vagabondages de son esprit, bien au contraire ; il lui semble qu'enfin, les évènements prennent meilleure tournure, ce qui lui donnera du courage pour affronter les difficultés à venir lorsqu'il sera de retour en France.

Il repense inévitablement à Luru Ly mais en laissant de côté l'éblouissement passionnel pour envisager la situation de façon plus réaliste. Il se doit d'abord d'aider la famille de la jeune femme autant qu'il le peut car il parait évident qu'elle dispose de faibles moyens et ne peut pas se soigner correctement. En outre, avec les deux parents malades et Lưu Ly auprès d'eux, les revenus s'en trouvent certainement diminués de façon significative. Yann ouvre soudain les yeux. Au moment où le cheminement de sa pensée aboutit à cette constatation, il est saisi d'une frayeur : « Mais justement ! Quelles sont leurs ressources ? Comment vont-ils s'en sortir si plus aucun d'eux ne peut travailler ? se demande-t-il. Il y a bien la tante Lan et l'oncle Cường qui peuvent peut-être leur apporter de l'aide, mais tout de même !... Non ! C'est pas possible, il faut que je fasse quelque chose !... D'abord, Thìn m'a sauvé la vie, alors la façon de l'en remercier est toute trouvée ! Et ensuite, j'aime Lưu Ly...! » se dit Yann qui vient de lâcher le mot, le mot révélateur de ses émotions. En fait, à y réfléchir, il ne sait pas s'il peut déjà appeler cela de l'amour, mais ça y ressemble fortement ! Et, même si son état de santé à venir ou la réciprocité des sentiments restent incertains, ces deux raisons sont suffisantes pour qu'il agisse.

Sans tarder, Yann se rend dans sa chambre et sort une enveloppe de son sac dans laquelle il glisse quinze billets de 200.000 dôngs qu'il a retirés en fin de matinée. « Voilà déjà un début ; une fois de retour en France, je leur enverrai quelque chose chaque mois, aussi longtemps que nécessaire… et possible, décide-t-il. Avec oncle Martin comme seule famille et, vu que celui-ci n'est pas dans le besoin, autant aider les personnes qui, peut-être, vont l'agrandir ! »

Le repas de midi, il l'a pris en compagnie de Dimitri, un peu esseulé (Alex étant finalement repartie vers Saigon avec le car qui l'a « récupérée » au passage devant l'entrée de la pension). En veine de confidences, celui-ci lui a raconté qu'elle et lui ont passé la nuit ensemble et qu'ils se sont promis de se retrouver pour Noël à St Petersbourg. Beau pays assurément intéressant à visiter mais où les baignades au clair de lune doivent probablement être réservées au plus téméraires selon Yann ! Quant à lui, comme il l'a encore évoqué avec un brin d'humour, l'hiver il le préfère ici avec les glaçons dans la bière plutôt qu'en Russie avec les glaçons dans la mer !

Yann n'a jamais mis les pieds dans ce pays de cosaques à cheval sur deux continents ; son oncle Martin, par contre, s'y est rendu en 1980 pour visiter Moscou et la ville de Dimitri qui portait à l'époque le nom de Leningrad. Cela lui avait donné l'occasion de revoir Cam, son ancien camarade de jeux, employé pour quelques mois au sein d'une entreprise locale dans le cadre des relations entre pays communistes. De ce voyage, il avait rapporté pour Yann qui venait de naître une « matriochka », poupée gigogne traditionnelle aux couleurs vives recouvertes d'un vernis brillant. Posée sur une étagère de la chambre pendant les premières années de sa vie, il se souvient avoir eu le droit de la prendre pour jouer, vers l'âge de cinq ans. Avec sa quinzaine de centimètres de haut elle lui avait paru énorme entre ses mains d'enfant. Il aimait alors la secouer pour entendre les « autres » s'agiter à l'intérieur avant de les ouvrir toutes les huit, une à une, et les aligner sur le sol jusqu'à la dernière, à peine plus grande qu'un grain de riz. L'objet trône d'ailleurs toujours chez lui sur un meuble dans le salon, rare représentant du tourisme familial en Europe.

De ses origines et de sa jeunesse notamment, Yann a tiré son goût immodéré pour le Viêt Nam. Depuis l'âge de vingt ans, il vient y passer ses vacances presque une année sur deux, et c'est ici qu'il souhaite, si possible, finir ses jours ; toutefois, pas comme en ce mois d'avril où il a précipité son départ en l'avançant de deux mois par rapport à la date initiale avec en arrière pensée l'intention d'abréger sa vie... ! Malgré cela, ce séjour sera, par bonheur, un souvenir de plus dans l'album de sa mémoire, et un souvenir évidemment plus singulier que les autres puisque fortement marqué par les évènements particuliers qu'il aura vécus.

Son vol de retour vers la France, il le prendra le week-end prochain et, bien qu'il ne soit pas convaincu d'une rémission, il espère que cela lui donnera un sursis conséquent pour lui permettre de revoir son pays sous les tropiques. Et Luru Ly.

Ah, Luru Ly ! Yann attend impatiemment le rendez-vous de ce soir, cette occasion de la retrouver, de passer un peu de temps en sa compagnie, d'éclaircir des zones d'ombre et de parler de ces années loin d'elle. Paradoxalement, il redoute également ce moment où il risque d'apprendre qu'elle n'éprouve pas les mêmes sentiments que lui et où, dans le cas contraire, il devra s'efforcer de garder certaines distances comme il ne peut pas s'engager dans une relation durable en raison de sa santé...

Il en vient à penser qu'il aurait peut-être été préférable qu'ils ne se rencontrent plus. Pourtant, c'est là le chemin que persiste à prendre, semble-t-il, leur destin...

Il cale son sac à dos rempli de présents sur le deux-roues et part dès 16 h 30. Il veut s'assurer d'arriver à l'heure.

La route qu'il connaît bien le mène sans encombres jusqu'à la maison de la jeune femme. Du bout de la ruelle, il la voit qui s'apprête justement à partir rendre visite à son père. Il s'approche et arrête le moteur. Elle a préparé un sac qu'elle est en train de fixer sur sa honda entre la selle et le guidon. En apercevant Yann, Lru Ly sourit. Elle semble rassurée, comme si elle avait eu auparavant un doute sur la venue du jeune homme. Elle lui fait signe de l'attendre et rentre dans la maison. Yann descend de son cyclomoteur, prend son sac et la suit, mais s'arrête sur le pas de la porte.

Ayant remarqué sa présence derrière elle, Lru Ly lui demande :

– Tu veux boire quelque chose ?

– Non... Je voulais te donner ça, répond-il en extrayant ses achats du sac pour les remettre à la jeune femme.

Celle-ci le remercie en posant les présents sur la table. Il sort ensuite l'enveloppe et la lui tend en expliquant :

– C'est pour ta famille. Pour aider tes parents à se soigner et pour la vie de tous les jours...

– Mais non, il ne faut pas ! dit Luru Ly en levant la main pour refuser ce cadeau.

– Si ! Il faut ! rétorque Yann avec douceur. N'oublie pas que ton père m'a sauvé la vie. Je lui dois encore plus que ce qu'il y a dans l'enveloppe ; alors accepte... S'il te plait ! insiste-t-il en la regardant droit dans les yeux.

– Alors, tu donnes à mon père.

– Très bien, dit Yann en rangeant l'enveloppe. Ce qui est sur la table, ce sont des fruits et des desserts ; c'est pour ton père… J'espère qu'il aime manger ça… Mais c'est aussi pour ta maman et toi, précise-t-il encore.

Luru Ly jette un œil dans les emballages, sourit en découvrant le durian, et emporte quelques longanes ainsi qu'une spécialité sucrée au riz rouge fermenté pour les ajouter au bagage destiné à Thìn.

– On va maintenant, si tu veux, propose Luru Ly en faisant avec un élastique rouge une queue de cheval dans sa chevelure noire qu'elle laisse ressortir à l'arrière de son casque.

– OK, on y va ! Je te suis.

L'hôpital de Phan Thiết se situe non loin de la maison de Luru Ly, à quelques minutes seulement en cyclomoteur. Sur les lieux, on franchit d'abord un mur d'enceinte jaunâtre, dont l'entrée flanquée de part et d'autre de deux grands panneaux d'information s'ouvre sur le centre de soins. Avant de s'y rendre, Yann et Luru Ly garent leurs deux-roues sur le parking à proximité du portail.

Ils prennent ensuite l'allée qui mène au bâtiment principal avec son austère façade blanche, montent à l'étage, puis empruntent la coursive desservant les chambres en offrant une vue sur les plates bandes arborées de la cour intérieure. En chemin, ils croisent un médecin faisant ses visites accompagné de deux infirmières dont le claquement des talons résonne sur le carrelage du sol et se réverbère sur les murs dénudés ; plus loin, un malade privé d'un bras, assis sur une chaise, passe le temps à observer les allées et venues par-dessus la rambarde. Le faible écho des conversations de consultants, à l'autre extrémité de l'hôpital, s'immisce dans le calme relatif de cette partie où Yann et Luru Ly perçoivent maintenant des gémissements qui s'échappent d'une chambre dans l'aile perpendiculaire. Ceux-ci soudain cessent. Les sanglots d'une femme y font suite. Tout en marchant, les jeunes gens se regardent, le visage marqué par un sentiment de triste résignation. Encore quelques pas et Luru Ly demande à Yann de l'attendre au-dehors tandis qu'elle pénètre dans la chambre de son père. Yann les entend échanger quelques mots puis, au bout de deux ou trois minutes, Luru Ly reparaît pour l'inviter à entrer.

La pièce est équipée de façon spartiate, sans décoration ni télé. Un bouquet de fleurs flétries dépasse du vase posé sur l'unique table du lieu, à côté de l'armoire en bois.

Thìn est allongé sur l'un des six lits à barreaux qui se font face par paires. Exceptionnellement, il est le seul occupant de la chambre au moment de leur visite. Son bras gauche, plâtré jusqu'à l'épaule, repose le long de son corps dont le torse enveloppé dans un immense bandage se soulève régulièrement au rythme de la respiration, lui arrachant par instants une grimace.

Luru Ly fait les présentations. Yann incline la tête pour le saluer et s'enquiert de la progression de son état de santé. Son bras commence à aller mieux mais ses côtes brisées le font souffrir. Il a fait une chute d'un muret de deux mètres de haut pour atterrir en partie sur une brouette, ce qui lui a valu une fracture de l'avant-bras et l'a atteint à la cage thoracique. Il a surtout des difficultés à se lever et même à marcher, chaque pas un peu brutal provoque chez lui des élancements dans la poitrine.

Tandis que Luru Ly déballe la nourriture, Thìn fait part de son soulagement à Yann : il sait maintenant qu'on ne le rendra pas responsable du coup à sa tête. Avec ses connaissances rudimentaires de vietnamien et l'aide de Luru Ly, le jeune homme s'empresse de confirmer ce fait et de le remercier pour son geste. Il accompagne ses paroles en remettant l'enveloppe à Thìn, comme le lui avait demandé Luru Ly, en indiquant qu'il souhaite que cela puisse lui permettre – ainsi qu'à sa famille – de traverser dans de meilleures conditions ces moments difficiles. L'homme esquisse un geste de refus, mais Yann insiste en argumentant que cela représente moins que la valeur d'une vie sauvée.

Après un instant de silence, Luru Ly propose à son père de manger. Avec l'aide de Yann, elle redresse doucement son buste blessé pour caler des coussins derrière son dos afin que Thìn puisse dîner plus à l'aise. Dans cette position, ses côtes sont moins comprimées que s'il s'asseyait à la table et il n'a pas besoin d'accomplir les mouvements douloureux pour se mettre debout. Habituellement, il lui faut déployer plus d'efforts pour alléger la tâche de sa fille ou de sa femme car elles ne parviennent pas à elles seules à le soulever, comme l'explique Luru Ly.

La jeune femme lui a apporté une sorte de quiche vietnamienne qu'il peut facilement manger avec une cuillère. Un bol de soupe, les fruits et le dessert de Yann viennent compléter un menu que Thìn trouve trop copieux. Il propose les longanes à ses visiteurs qui refusent en insistant afin qu'il les mange pour sa santé. Tout en commençant son repas, il demande s'ils ont déjà pris le leur. Yann devance Luru Ly et s'empresse de répondre, en regardant la jeune femme, qu'ils iront manger ensemble tout à l'heure, espérant qu'elle ne contredise pas cette réponse faisant office de proposition. Thìn tourne les yeux vers sa fille. Elle confirme. Soulagé, Yann sourit en hochant légèrement la tête pour la remercier. Thìn demande son âge au jeune homme.

– 33 tuổi.

Après un court instant de réflexion, il constate :

– À ! Tuổi Thân ! Thích hợp với tuổi Thìn !

– Ba ơi ! proteste Lưu Ly qui a compris l'allusion de son père. En effet, en prétendant que le signe du Singe s'accorde avec celui du Dragon, il vient de suggérer que les deux jeunes gens sont bien assortis... ce qui n'est pas pour déplaire à Yann qui, par la même occasion, peut en déduire l'âge de Lưu Ly, soit 25 ans.

Thìn n'a pas très faim ; il préfère discuter. La curiosité, surtout, le pousse à interroger cet homme à priori imprudent qu'il a tiré de l'eau, laissé auprès des moines de la pagode, et qu'il retrouve maintenant avec sa fille auprès de lui. Cette dernière lui précise qu'ils avaient déjà fait connaissance à Saigon, il y a un peu plus de deux ans, avant de se retrouver ce matin, par hasard. Mais Thìn a aussi remarqué que ce garçon ne laissait pas sa fille indifférente. Et inversement.

– Vous êtes Français ?

– Oui, répond Yann étonné de l'entendre parler sa langue.

– Maman de vous est Việt Nam, hein !

– C'est vrai, confirme également le jeune homme, agréablement surpris de voir que Lưu Ly se soit souvenue de leur première conversation.

– Vous travail quoi ?

– Dans la publicité...

– Quảng cáo, traduit Lưu Ly.

Puis, s'adressant à Yann :

– Papa connaît seulement quelques mots en français.

– C'est déjà bien ! J'en suis étonné car il n'y a pas beaucoup de gens qui connaissent le français par ici, c'est plutôt dans le nord, je crois...

– Mon grand-père, le père de papa, est né à Hà Lòng.

– C'est lui qui t'a appris le français...

– Oui, sourit Luu Ly qui remarque pour la deuxième fois, que Yann aussi se souvient de ce mois de décembre 2010. Ceci la conforte dans sa décision d'accepter l'invitation indirecte du jeune homme à dîner. Elle aimerait bien profiter de cette occasion pour se faire expliquer son étrange comportement, répondre aux éventuelles interrogation que lui-même peut avoir à son sujet, comme, par exemple, savoir pour quelle raison elle ne l'avait plus rappelé... et puis lui dire combien cela l'avait rongée de ne pas avoir pu le faire. Enfin, elle est bien curieuse de connaître les sentiments réels de Yann à son égard.

– Con !

La voix de son père l'extrait de ses pensées.

– Ba ?

– Con và Yann đi ăn cơm đi !

– Mà...

– Đừng lo ! Đi đi... ! Vous allez manger maintenant, insiste Thìn en s'adressant à Yann.

Celui-ci hésite à son tour :

– Mais...

– Ça va bien... Je fatigué... rassure Thìn. Allez ! termine-t-il en agitant la main avec le sourire pour les inviter à partir.

Yann regarde Luu Ly pour recueillir son assentiment. Un instant, il plonge dans ses yeux en amandes marron foncé et elle semble se fondre dans le vert foret d'automne des siens. Elle papillonne des cils comme pour ne pas se laisser hypnotiser et tourne la tête vers son père pour prendre congé :

– Thôi ! Con đi về...

Yann salue à son tour Thìn et lui promet de revenir le voir très bientôt.

Luru Ly range les affaires et laisse un sachet contenant les fruits qu'elle a épluchés durant la conversation à portée de main de son père, tandis que Yann verse de l'eau minérale dans un verre qu'il pose sur un tabouret à côté du lit. Tous deux s'en vont ensuite en saluant Thìn d'un geste de la main avant de franchir le seuil de la chambre.

Tout le long de la coursive et dans les escaliers, ils demeurent silencieux, ressentant une timidité voire une légère appréhension maintenant qu'ils vont se retrouver en tête à tête face aux questionnements réciproques.

Avant de monter sur leurs cyclomoteurs respectifs, Luru Ly prévient :

– Il faut je passe à la maison poser le sac et dire ma maman je mange dehors.

– Très bien. Alors tu pourras laisser ta honda chez toi et je t'emmènerai avec la mienne.

Quelques minutes plus tard, ils sont chez la jeune femme qui entre dans la maison et en profite pour se changer, tout en racontant à sa mère comment s'est passée la visite à l'hôpital. Celle-ci lui répond par un commentaire qui suscite cette fois chez Luru Ly un « Ò, má !... » de protestation. Sa maman ne lui laisse pas le temps de continuer ; elle la raccompagne en la menant par le bras jusqu'à la porte où patiente Yann, assis sur son deux-roues.

– Đi ăn cơm đi, commande-t-elle à son tour aux jeunes gens.

Chapitre V

Une semaine avec Luru Ly

Luru Ly grimpe à l'arrière de la honda et se tient à l'ossature de la selle. Yann démarre en douceur. Il roule en direction du centre-ville mais bifurque ensuite pour se rapprocher de la côte. Il y a cinq ans, il avait repéré un coin tranquille où l'on mange bien et y était retourné lors de son dernier séjour. C'est là qu'il veut inviter Luru Ly, en espérant que le restaurant existe toujours.

Dix minutes plus tard, son vœu est exaucé. Tous deux prennent place sur la terrasse qui surplombe un rivage de galets et rochers. La nuit est tombée ; les lucioles, presque immobiles au loin, rappellent que les pêcheurs ont commencé leur journée de travail. Yann regarde Luru Ly qui porte ce soir une chemisette à petits carreaux rouges dont le col déboutonné laisse entrevoir la chaînette dorée avec son médaillon, seul bijou qui la pare. Yann apprécie la simplicité et le naturel de cette jeune femme qui ne juge pas utile de se maquiller. « Elle n'en a d'ailleurs pas besoin », estime-t-il.

L'endroit, relativement calme et à la décoration sans prétention, contraste avec ces « cantines à touristes » – comme les appelle Yann – dont les enseignes tape-à-l'oeil racolent les étrangers en visite par cars entiers quelquefois. Ici, seuls les vietnamiens et les routards bien informés viennent manger des plats au goût plus authentique.

La sono diffuse les derniers tubes vietnamiens et coréens parmi lesquels viennent s'intercaler d'anciens succès américains ou français.

– Tu connais ce restaurant ? demande Yann, une fois assis.

– Non. Je ne viens pas encore ici.

– Je trouve qu'on y mange bien et c'est pas trop bruyant...

Un garçon dépose les cartes sur la table. La plupart des plats à base de riz ou de pâtes s'agrémentent de la pêche locale. Yann choisit des pâtes sautées grillées aux fruits de mer. Pour Luru Ly, ce sera la même chose, annoncent-ils au serveur revenu prendre la commande. Et tandis qu'elle opte pour un « sinh tố bơ », une boisson à l'avocat, lui, prendra une « ba ba » comme à son habitude.

– Ta femme est d'accord tu va manger avec une autre fille ? demande abruptement Luru Ly.

– Je n'ai pas de femme... !

– Alors ta amie... insiste la jeune femme.

– Quelle amie ? s'étonne Yann.

– Avec les cheveux rouges.

– Av... Ah ! Je vois ! Mais ce n'est pas mon amie !

– Mais tu emmènes sur honda...

– Elle cherchait un hôtel et je l'ai déposée à Hoa Biển, explique le jeune homme... Mais alors, tu m'as vu, hier ?! continue-t-il, surpris. Moi aussi ! Je t'ai appelée mais tu m'as pas entendue... Tu sortais de la pharmacie...

– Pharmacie ?

– Hiệu thuốc, traduit Yann.

– Oui, j'ai acheté les médicaments pour maman.

– Justement, à ce propos, ta maman, tu veux pas l'emmener voir un médecin à l'hôpital franco-vietnamien de Saigon ? Dans l'enveloppe il y a bien assez... C'est pas si loin que ça, finalement, non ? argumente Yann.

– Mais, si elle part, je viens avec elle, ça fait trois jours absence et mon papa est à l'hôpital...

Après un instant de réflexion, Yann insiste :

– Il y a bien quelqu'un de ta famille qui peut venir le voir pendant ces trois jours... Ton oncle Cường, par exemple....

– Peut-être... Ou bien mon cousin... Il faut je demande, dit Lưu Ly en y réfléchissant à son tour.

Un moment ils restent silencieux, se regardant en esquissant des sourires, puis tournant le visage vers la mer pour à nouveau se regarder ensuite.

– Et toi ? demande aussi soudainement Yann, pour rompre le ballet visuel de leur timidité.

– Moi ? Quoi ? réplique Lưu Ly avec un petit rire.

– Tu as un ami ?

– Oh non, bien sûr !

– Pourquoi « bien sûr » ?

– Sinon, je ne suis pas là, toute seule avec toi !

– C'est vrai... Mais ça veut aussi dire que tu as confiance en moi ?

– Oui... Ou peut-être je suis un peu osée ; je te connais pas beaucoup...

– Ben voilà, c'est le moment d'apprendre à se connaître ! dit Yann en attrapant le pot à baguettes au bout de la table pour en donner une paire à Lưu Ly alors que le serveur vient de poser deux grandes assiettes de « mì xào giòn » devant eux.

Avant de se mettre à manger, la jeune femme reforme sa queue de cheval.

– Tu as laissé pousser tes cheveux ; tu les avais jusqu'aux épaules la première fois qu'on s'est rencontré...

– Ah ? Tu te rappelles ?

– Oui. Et je me rappelle aussi que tu aimes le « xâu riêng ».

– J'ai vu ! Mais toi aussi tu aimes ; tu as mangé avec moi...

– Exact ! confirme Yann qui revoit un instant la scène devant le café, à Saigon.

Du bout des baguettes, ils cassent un morceau du nid de pâtes croquantes qu'une sauce légère commence à faire ramollir sous les lanières de calamar, les supions et les crevettes. Tandis que les vagues chuchotent dans la nuit en poussant leurs soupirs sur le rivage, elles se dévoilent au regard sous le reflet des lampes de la terrasse d'où s'échappe la musique que personne ne semble écouter. Un air pourtant attire leur attention, un bijou occidental devenu un standard au Viêt Nam.

– J'aime beaucoup cette chanson, déclarent-ils soudain d'une même voix. Puis, après une seconde de surprise, ils rient de cette coïncidence.

– Ça nous fait déjà 3 points communs ! annonce Yann.

– 3 quoi ?

– Points communs ; c'est à dire des choses qu'on aime ou qui sont pareilles pour tous les deux...

– Pourquoi « 3 » ?

Yann dresse le pouce et cite :

– On aime tous les deux le « xâu riêng » !

Puis, en levant successivement l'index et le majeur, il complète :

– On aime tous les deux « Hotel California »... et on l'a dit tous les deux en même temps !

– Ah ! Je comprends ! admet Luru Ly en riant, mais alors, c'est pas 3, c'est 4 !

– Ah bon ? Et c'est quoi le quatrième ?

– On choisit manger tous les deux « mì xào giòn », bien sûr ! dit-elle avec un sourire malicieux.

– Tu as tout à fait raison ! reconnaît Yann, épaté par la répartie de la jeune femme pour qui le français n'est pas la langue maternelle.

Elle semble plus détendue, ce soir, observe-t-il, elle a envie d'oublier ces soucis du quotidien qui lui dessinent des cernes sous les yeux, et cherche peut-être auprès de lui un peu de réconfort ou d'évasion.

– Je suis vraiment très étonné que tu parles si bien français, on dirait que tu as passé plusieurs mois en France !

– Quand je suis petite, je passe beaucoup de temps chez mes grands-parents et mon grand père aime parler français. Il a dit : « C'est grâce à un Français que nous sommes ensemble ». Il avait des livres, il lit pour moi et montre les mots et j'ai appris aussi à l'école. J'aime beaucoup le son de cette langue alors je m'intéresse ; mais c'est difficile !

– Oh, que oui ! Souvent, les mots ne s'écrivent pas comme on les entend...

– La grammaire aussi, les verbes !... Mais mon grand-père était un bon professeur...

– Et toi, une bonne élève !

– Merci... Mais toi, tu parles aussi bien vietnamien...

– Pas aussi bien que tu parles français !

– C'est ta maman qui t'apprend ?

– Oui, un peu... Et il faut dire je suis souvent venu au Viêt Nam. D'abord pour passer mes vacances scolaires à Saigon entre 1995 et 1998 (car mon père travaillait ici pour le compte d'une entreprise française) et ensuite, je suis venu presque une année sur deux pour mes congés à partir de 2000, en me promenant dans tout le pays, mais avec une préférence pour le sud où ma mère est née...

– Et tu as des frères ou des sœurs ?

– Non, je suis fils unique.

– Moi aussi je n'ai pas de frère et pas de sœur... Et tes parents ne vient pas avec toi ?

– Ils sont morts, tous les deux.

– Oh ?! Pardon !

– Ne t'excuse pas ; tu ne pouvais pas le savoir ; ma seule famille, c'est mon oncle Martin, le grand frère de mon père.

Ennuyée d'avoir soulevé un coin de voile sur un aspect douloureux de la vie de Yann, Luru Ly met momentanément un frein à sa curiosité.

Yann rompt le silence peu après :

– C'est bon ?

– Oui, vraiment !

– Si tu veux encore savoir des choses, demande-moi, Luru Ly.

Il aime prononcer son nom, ce nom de fleur qui sonne comme le chant d'un oiseau. Et il aime l'entendre prononcer le sien, de sa voix aiguë ; il a alors le sentiment d'être plus proche d'elle.

– Yann ? Je veux te demander, tu habites où ?

– J'habite une petite ville à l'est de la France, tout près de l'Allemagne et de la Suisse.

– C'est loin de Paris ?

– Environ 500 km.

– Ah ?

Luru Ly hoche la tête avec une fugace moue de déception.

– Mais, de chez moi, il faut environ 6 heures en voiture ou un peu moins en TGV.

– C'est quoi « TGV » ?

– Un train très rapide.

– Ah ?

Luru Ly retrouve le sourire. Cependant, tout en mangeant, elle se rend compte qu'elle commence à s'égarer en s'imaginant en train de séjourner là-bas, chez Yann. « Mais qu'est-ce qui t'arrive Luru Ly, se dit-elle, tu vas trop vite ! Ta vie est ici ! » En fait, la proximité du jeune homme réveille à nouveau en elle ce désir d'aller en France. Elle se souvient, dans son enfance, comme son grand-père aimait évoquer ce pays et montrer les illustrations où l'automne fait flamboyer les forêts avant que l'hiver ne vienne recouvrir les toits fumants des maisons de son tapis blanc.

La voix de Yann la tire de ses pensées.

– Luru Ly ?

– Oui ?

– Tu es déjà allée en France ?

– Non…

– Mais c'est ton rêve, n'est-ce pas ?

– Oh ! Tu sais ?

– Oui, par ton oncle, bác hai.

– Oh ! Il parle trop !

– Tant mieux, ça m'a permis de te retrouver !

– Tu voudrais me retrouver ? demande Luru Ly, faussement désinvolte.

– Oui.

– Pourquoi ?

Yann hésite un instant, puis se lance :

– J'ai souvent pensé à toi depuis notre première rencontre. Et je dois dire qu'après nos deux conversations au téléphone quand je suis rentré en France, j'ai réessayé de t'appeler, mais je ne suis plus jamais arrivé à te joindre. Je pensais aussi que tu allais m'appeler… Et de ne plus avoir de tes nouvelles, ça m'a manqué. Je ne t'ai jamais oubliée…

Luru Ly écoute Yann avec attention. Ses mots la surprennent agréablement. Elle sait bien qu'elle aussi éprouve des sentiments pour lui. Elle veut tout de même éclaircir un point :

– Pourquoi tu es parti quand tu me vois, lundi passé ? Je veux te parler…

– Je sais, j'ai mal agi. Mais j'avais de gros soucis. Je te demande pardon… Je t'en parlerai une autre fois, si tu veux bien… abrège Yann. Mais toi, pourquoi tu ne m'as jamais téléphoné ?

– Après tu rentres en France, j'ai perdu mon téléphone avec ton numéro dedans. Comment je peux faire ?

– Oh ? Alors c'est ça !? s'exclame Yann avec un grand sourire. Tu veux dire que si tu n'avais pas perdu ton téléphone, tu m'aurais rappelé ?

– Bien s… ! Oui, admet Luru Ly en se rattrapant de justesse pour ne pas trahir ses sentiments par un enthousiasme spontané.

Elle ne veut pas dévoiler tout de suite à Yann ce qu'elle ressent pour lui. Par ailleurs, cela mérite encore un peu de temps afin de mieux le connaître pour éviter de s'abandonner à une idylle, même si, plus le temps passe, plus il lui semble que tous deux s'accordent bien. Et puis, elle voudrait s'assurer que, lui aussi, souhaite une relation sentimentale et sincère.

Le repas tire à sa fin. La jeune femme ne peut s'empêcher de retenir un bâillement.

– Tu es fatiguée, Luru Ly ?

– Oui ; en ce moment je dors pas bien.

– Je comprends. Si tu veux, je te ramène chez toi, dès qu'on a fini de manger.

– Oui, d'accord, répond-elle en vidant son verre.

– Tu veux boire un café ?

– Non non ! J'aime le café, mais pas le soir !

Le temps que le serveur apporte l'addition, ils devisent encore sur la qualité du restaurant et le plaisir de cette soirée passée ensemble.

Puis, avant d'enfiler son casque, Yann demande :

– Est-ce que je peux aller avec toi, demain, pour rendre visite à ton père ?

– Oui. Mais alors, demain le soir, tu manges à la maison. D'accord ?

– Oui, avec plaisir ! Mais on ira chercher les plats ensemble ! déclare Yann.

Puis, après une brève hésitation :

– Et, le matin, tu es occupée ?

– Je vais au marché et j'aide ma maman à la maison.

– Alors, est-ce que je peux venir plus tôt que 5 h ? Je voudrais parler avec ta mère pour voir un médecin à Saigon et téléphoner pour un rendez-vous, si elle est d'accord.

– Bon, OK. répond Luru Ly en s'installant derrière lui.

On ne peut pas dire qu'on voit souvent Yann à la pension, en ce moment. Cela n'étonne pas la patronne auprès de qui il vient relouer la honda, dès le lendemain. Elle connaît ce client fidèle comme quelqu'un ayant la bougeotte, toujours enclin à découvrir les alentours et la vie locale. Ce dont elle ne se doute pas, c'est que les raisons actuelles de ses fréquents déplacements trouvent leur source à Phan Thiết où une jeune femme exerce une forte attraction sur lui. Et c'est là-bas qu'il se rend ce lundi. S'il vient en ville dès le matin, c'est pour retirer de l'argent et faire quelques emplettes ; il n'ira chez Luru Ly que dans l'après-midi, comme convenu, car il ne veut pas la perturber dans son organisation ni lui donner l'impression d'envahir son quotidien. Voilà pourquoi il choisit également d'éviter le marché habituel et son quartier en allant prendre un bol de phở, cette « soupe de nouilles » traditionnelle plus près du centre.

Il a pris place à une table proche de la rue d'où il peut observer l'effervescence matinale tout en prenant son petit-déjeuner. Comme à l'habitude, la circulation est intense mais moins frénétique qu'à Saigon. On y voit aussi plus de vélos, moins d'autos et les marchandises transportées témoignent de l'activité maritime de la ville. L'œil averti reconnaît les barriques de bois destinées à la saumure de poisson qu'un camion va livrer à la fabrique de nước mắm et, accroché sur une moto cheminant en sens inverse, un amoncellement de cubitainers de cette sauce destinés à la vente. Un tricycle motorisé passe, sa benne à l'avant remplie de filets de pêche, un autre encore, chargé d'une barque ronde qui dépasse de tous côtés, zigzague dans un concert perpétuel de klaxons et de pétarades que quelque poids lourd rescapé des années soixante assortit d'un hoquet de fumées noires .

Rien de surprenant à tout cela aux yeux de Yann. En revanche, un détail attire son attention. Plutôt une silhouette, à une centaine de mètres de là. Une silhouette familière. Celle de Lưu Ly, semble-t-il ! Le chouchou rouge dans ses cheveux et le casque gris dont elle se coiffe maintenant ne laissent plus de doute. « Décidément, le destin joue les provocateurs, se dit Yann ; même quand je cherche à éviter de la voir, elle apparaît devant mes yeux ! »

La jeune femme s'en va, arrive dans sa direction et passe devant lui de l'autre côté de la rue, sans l'apercevoir, absorbée par le trafic. Au carrefour suivant, elle tourne et disparaît. Vu l'orientation prise, elle rentre chez elle, selon Yann.

Son repas fini, il décide de faire un petit tour à pied. Remontant la rue en sens inverse de celui qu'a pris Lưu Ly, il arrive à la hauteur de l'endroit d'où elle est partie. Se succèdent là une pharmacie, une bijouterie et une petite agence de tourisme proposant des visites dans la région. Parmi les illustrations sur les panneaux, la photo d'une statue toute blanche de Bouddha allongé donnent une idée au jeune homme : il va proposer une excursion à Lưu Ly et, pourquoi pas, à Tà Cú, justement.

Vers quinze heures, Yann gare son deux-roues devant la maison des Hoàng, prenant la place d'un autre qui vient de partir, chargé de gros sacs transparents gonflés de textiles multicolores. Lưu Ly apparaît sur le seuil en pyjama, ce qui est ici une tenue en tissu léger que l'on porte chez soi. Le vêtement, avec ses petites fleurs rouge carmin sur fond blanc, met en valeur sa peau bronzée. Mais il manque quelque chose, note Yann : elle ne porte pas son pendentif. « Elle ne le porte peut-être pas constamment », se dit-il.

– Oh ! Tu viens déjà ?

– Je peux repartir si tu veux !

– Non, non ! Mais je pensais tu viens à environ 4 h... Maman n'est pas encore rentrée... Viens asseoir sur le fauteuil.

Yann prend son sac et entre. Il l'ouvre ensuite pour en tirer deux paquets de café et trois briques de lait – des denrées pas très bon marché ici – qu'il dépose sur la table tandis que Luru Ly cherche la théière et des glaçons. Lorsqu'elle revient, le plateau dans les mains, elle marque un arrêt de surprise puis le pose à côté des présents.

– Tu as encore apporté des choses !?

– Tu aimes le café, non ? Et le lait, c'est bon pour la santé, surtout pour les os !

– Mais pourquoi tu fais ça ?

La question embarrasse un peu Yann qui ne l'attendait pas. Alors qu'il s'apprête à donner une explication, la mère de Luru Ly rentre à la maison. Il se lève et la salue. Elle aussi étonnée questionne sa fille.

– Anh Yann, indique laconiquement cette dernière.

– Tại sao ? demande encore sa mère.

Yann reprend alors la parole pour répondre à leur interrogation commune en regardant Luru Ly :

– Grâce à ton père, j'ai eu une deuxième chance et, pour moi, vous êtes comme ma famille... Tu sais bien, Luru Ly, que je n'ai plus que mon oncle

Martin… explique Yann en s'arrêtant là, de peur d'en dire trop.

Luru Ly traduit à sa mère qui remercie le jeune homme et va ranger ses courses, tandis que la jeune femme monte se changer, laissant patienter Yann au salon après lui avoir servi un verre de thé glacé.

Lorsqu'elle redescend, elle repasse par la cuisine avant de rejoindre Yann. Sa mère et elle ont une conversation animée dont il perçoit et comprend une partie. Pas grand-chose, mais suffisamment pour prendre une décision. Lorsque Luru Ly reparaît, il se lève :

– Luru Ly, je dois partir.

– Pourquoi ? demande-t-elle l'air déçu.

– J'ai oublié quelque chose, il faut vite que j'aille en ville ; je serai de retour d'ici une demi-heure, je pense. Est-ce que je peux laisser le sac ici ?

– Oui, bien sûr ! répond-elle, surprise.

– Alors à tout de suite ! dit Yann en mettant son casque.

Comme prévu, il est de retour une demi-heure plus tard, un grand sourire aux lèvres. Luru Ly est en train de préparer les affaires qu'elle emportera pour son père à l'hôpital. Elle raconte à Yann que, selon les dires de sa mère, celui-ci a changé de chambre, qu'il est maintenant installé plus confortablement et que la qualité des soins s'est également améliorée depuis qu'il a remis ce matin à l'administration un paiement conséquent, ce qui a été rendu possible grâce à l'enveloppe de Yann.

– Merci beaucoup, Yann, dit Luu Ly avec un regard ému.

– Merci à vous !

– À nous ?

– À ton père, bien sûr mais aussi à ta maman qui est très gentille et à toi aussi qui illumine ma vie.

– Illumine ?

– Oui... Je t'expliquerai... En tout cas, j'aime beaucoup être avec toi, tu sais...

– Moi aussi, avoue à son tour la jeune femme.

Ils se regardent un instant sans rien dire. Puis Yann s'enquiert :

– Ah ! Tu as parlé à ta maman pour la consultation à Saigon ?

– Oui, elle est d'accord. Papa a insisté avec elle et il a donné le reste de l'argent dans l'enveloppe. Mon oncle peut venir à l'hôpital et mon cousin aussi.

– Bon, alors, maintenant on va téléphoner à l'hôpital franco-vietnamien.

– Oui. J'ai cherché le numéro. Voilà... dit la jeune femme en tendant un morceau de papier.

Yann appelle avec son portable, demande à dessein un interlocuteur parlant le français, et obtient sans difficulté un rendez-vous avec le médecin spécialiste des poumons. Ce sera pour dans quatre jours, vendredi matin de cette semaine.

– Si tu veux, on part un peu plus tôt, tout à l'heure et on va en ville réserver des places dans un car pour Saigon.

– Alors c'est mieux partir maintenant.

Arrivés chez l'autocariste, Yann reste dehors, à l'écart, laissant Luu Ly s'occuper de l'achat des billets ; elle obtiendra un meilleur prix que lui avec son visage occidental. Mais avant qu'elle n'entre, il doit préciser que, pour lui, ce ne sera qu'un aller simple car dimanche prochain il prend l'avion pour retourner en France. À l'évocation de cette réalité, une ombre de tristesse passe dans le regard des jeunes gens. Puis il sort une liasse de dôngs et les tends à la jeune femme pour le paiement des places.

– Non !

– Si ! Sinon je ne viens pas avec vous, insiste-t-il.

Luu Ly ressort vingt minutes plus tard avec les tickets en main.

– Départ jeudi midi pour l'arrivée à Saigon le même soir. Retour pour maman et moi, samedi matin... Mais on peut reporter, précise Luu Ly.

– Pour les deux nuits, je vais réserver à l'hôtel Lavender.

– Il y a ma tante...

– Tu préfères aller chez ta tante ?

– Ben... Sa maison est petite, mais…

– Alors ce sera l'hôtel. J'ai le numéro, j'appelle tout de suite.

Lors de la visite à l'hôpital ils trouvent meilleure mine au blessé qui, le moral aidant, a également bon appétit. Ils l'informent à propos du voyage à Saigon, ce qui le met en joie. Sur les coups de 18 h, ils le quittent pour rentrer dîner à la maison où des calamars farcis les attendent.

Pendant le repas, la mère de Luu Ly en profite pour connaître un peu mieux le jeune homme et lui pose essentiellement les mêmes questions que celles de Luu Ly la veille. Cette dernière, peut-être pour la rassurer sur sa prudence, répond certaines fois à la place de Yann qui confirme ou apporte quelques précisions, leur apprenant entre autres qu'il possède un appartement à Huningue en Alsace, qu'il a déjà vécu avec quelqu'un pendant deux ans et qu'il a perdu son emploi mais qu'il envisage de créer sa propre entreprise de graphiste en publicité. Ce dernier détail étant un peu édulcoré puisque, s'il avait effectivement ce projet en tête par le passé, il avait fini par l'abandonner depuis.

Il n'aborde cependant pas le sujet de sa maladie. Il se rend d'ailleurs compte que, plus il attend, plus il sera difficile et douloureux de l'évoquer. Il se promet cependant de le faire avant son départ.

La conversation se centre ensuite sur Luu Ly à l'initiative encore de sa mère. Lorsque il est question de sa vie à Saigon où elle a travaillé chez sa tante, la jeune femme annonce d'elle même, par égard pour la franchise de Yann, qu'elle a fréquenté quelqu'un pendant un an environ, l'année passée, ce qui ne manque pas de provoquer un petit pincement au cœur du jeune homme qu'il évacue aussitôt en se raisonnant.

Sans le dire, les jeunes gens se rendent bien compte que la maman a une idée derrière la tête. Elle finit par exposer ce qu'elle a déjà dit à Luu Ly la veille et qui lui avait arraché cette petite exclamation, à savoir que, quelque temps auparavant, un devin lui a prédit que sa fille épouserait un « Tay » – un occidental – de caractère gentil et qui lui permettrait de réaliser un rêve. Cette fois, la jeune femme ne proteste pas. Elle attend la réaction de Yann. Celui-ci, justement, ne sait trop comment réagir ; son avenir à lui semble plutôt compromis et ce n'est pas un devin qui le lui a dit. Il aimerait tant déclarer à la jeune femme : « Luru Ly, mon souhait le plus cher est d'être ce Tay » mais ce serait faire de façon sous-jacente une promesse pour le futur qu'il sait avoir peu de chances de pouvoir tenir. Il s'en sort finalement avec une pirouette :

— Je ne sais pas si le devin a raison mais je souhaite de tout cœur que Luru Ly réalise ses rêves, car elle le mérite... et je pense que le Tay qui l'épousera aura beaucoup de chance...

Un instant de silence suit cette déclaration que Luru Ly vient de traduire à sa mère pendant lequel tous trois poursuivent leur repas silencieusement en songeant vraisemblablement à la portée de cette phrase. Les jeunes gens ont encore besoin de temps, leur première rencontre à Saigon et ces deux dernières journées c'est un peu juste pour pouvoir s'engager, doit bien admettre la maman qui croit cependant dans le coup de foudre et dans les prédictions dont elle a gardé momentanément une partie pour elle. En effet, le devin avait également ajouté que le Tay en question quitterait sa fille par deux fois avant de se fixer avec elle, et encore qu'en joignant leurs capacités, ils auraient une situation aisée. La jeune femme, quant à elle, ne peut, pour les mêmes raisons que sa mère, pas attendre une réponse tranchée de Yann, même si cela aurait pu la rassurer... et lui faire plaisir.

Après un bref moment, Yann reprend la parole en s'adressant à Luu Ly :

— Comme on s'en va jeudi pour Saigon, je voudrais te proposer, avant ça, un petit voyage d'une journée à Tà Cú... Ça te dit ?

Luu Ly regarde sa mère qui, ayant assez mangé, se lève pour les laisser entre eux. Elle n'hésite pas à l'encourager ; depuis quelques temps la jeune femme se consacre beaucoup à sa famille, une sortie lui fera du bien.

— D'accord. Tu veux aller quand ?

— Demain ! Comme ça, mercredi on peut encore rendre visite à ton papa avant le départ, propose Yann en finissant son assiette.

— Mais il faut partir le matin et je n'ai pas préparé manger.

— On s'arrêtera simplement sur la route quand on a faim. Je veux que tu en profites et pas que tu te donnes encore du travail.

— Bon… On va comment ?

— Xe honda !

— Tu connais le chemin ?

— Je regarderai sur Internet, quand je serai rentré à Hoa Biên. Et puis on pourra toujours demander au gens sur la route... Si je viens te chercher demain matin à 9 h, ça va ?

— Oui, bien sûr ! confirme Luu Ly en rassemblant les assiettes vides sur le plateau.

— Alors, je vais pas rentrer trop tard, ce soir.

— Tu veux boire un café ?

— Oui, je veux bien ! répond Yann, toujours enclin à gagner quelques minutes en présence de la jeune femme.

– Maman a fait chauffer l'eau... Cà-phê đen ou sữa đá ?

– Cà-phê đen.

Lưu Ly se rend à la cuisine en débarrassant ce qui reste sur la table et va préparer le filtre pour le café. Pendant ce temps, Yann fouille dans la poche de son pantalon et en sort un petit étui de papier qu'il pose derrière lui sur le fauteuil.

Il fait lourd, ce soir. La mère de Lưu Ly sort arroser les plantes en pot disposées dans la courette. En passant, elle met en marche le ventilateur mural dont le souffle ne semble pas perturber les petits lézards couleur crème positionnés sur le mur d'en face à l'affût des moucherons qu'attire la lumière du néon. Au bout de deux minutes Lưu Ly reparaît avec, à la main, le verre chapeauté de son filtre métallique qu'elle pose devant Yann. Celui-ci la remercie et demande :

– Lưu Ly ? Tu ne portes plus ton pendentif ?

– « Pendentif » ? C'est quoi ?

– La chaînette avec le médaillon, explique-t-il en dessinant d'un va et vient de l'index une courbe imaginaire autour du cou.

– Ah ?... Non...

– Il est joli, je trouve... Il y a un dragon dessus, n'est-ce pas ?

– Oui.

– Tu l'as reçu de tes parents ?

– Non. De bà nội, répond Lưu Ly, les yeux humides.

– Tu le mettras, demain ?

110

– Non. J'ai plus le collier... J'ai vendu, lâche la jeune femme en essuyant une larme qui glisse sur la joue.

– Pourquoi ? insiste Yann.

– Papa ne travaille plus. Moi, j'aide maman pour un peu la couture, mais il faut soigner...

– Luru Ly ! coupe le jeune homme, je vous ai donné une enveloppe avec de l'argent, je prends en charge le voyage à Saigon et la visite chez le médecin de ta maman... Luru Ly, je te l'ai dit, vous êtes comme ma famille ! Alors si tu as un problème, parle-moi avant de faire une bêtise ! intime doucement le jeune homme. Tu comprends, Luru Ly ?

– Oui, mais...

Yann prend la main de la jeune femme dans la sienne, la regarde au fond des yeux et insiste :

– Luru Ly, s'il te plait... Je peux le faire et je *veux* le faire.

Puis, de l'autre main, il cherche la pochette de papier derrière son dos pour la déposer dans la paume de Luru Ly.

– C'est quoi ? demande-t-elle sans détourner son regard du visage de Yann.

Il relâche la main de la jeune femme sans rien dire. Elle baisse les yeux et soulève le rabat.

– Oh ! Yann ! Mais comment ?...

– Chut ! l'interrompt-il en mettant son doigt devant la bouche, c'est le destin...

Le lendemain matin, à peine Yann arrête-t-il son moteur devant la maison de Luru Ly que celle-ci apparaît sur le seuil en arborant ce sourire qu'il espérait depuis longtemps, celui du plaisir de se retrouver. Elle a revêtu cette simple tenue qui la rend si craquante aux yeux de Yann : son t-shirt « parisien » avec un jean taille basse dont les ourlets s'effilochent. Mais surtout, elle porte autour du cou le pendentif de sa grand-mère.

– Bonjour Yann !

– Bonjour Luru Ly !

– Tu bois le café ?

– Non, merci. On s'arrêtera peut-être en route pour boire quelque chose, si tu es d'accord.

– Alors, on va ! lance Luru Ly en grimpant derrière Yann.

La route ne sera pas excessivement longue jusqu'au Mont Tà Cú, un ancien volcan de soufre aujourd'hui recouvert d'une végétation luxuriante sur lequel on a jadis bâti une pagode. Celle-ci, rénovée il y a une cinquantaine d'année, attire une foule croissante de pèlerins et touristes. Avant d'arriver à destination, c'est environ une trentaine de kilomètres qu'il faut avaler en cyclomoteur, sur un macadam encore défoncé par endroits de cratères dont la profondeur surprend le voyageur non initié se risquant à rouler dans ce qui ressemble à de simples flaques d'eau pendant la saison des pluies. En avril, le temps est sec et, si l'on évite les trous, il n'en subsiste pas moins l'encombrement habituel de la chaussée dans les villages et les nuages de poussière pour ralentir la cadence.

Lorsque l'état de la chaussée oblige à un mini rodéo, Luru Ly lâche l'arceau de la selle pour s'agripper aux épaules de Yann et, quand il accélère dans une belle portion de route en rase campagne, elle resserre ses jambes contre ses cuisses et se penche en avant, faisant bloc avec lui pour fendre le vent chaud de la vitesse. À ce contact, Yann ressent une petite jubilation : par ces gestes, elle montre à la fois qu'elle cherche la sécurité auprès de lui et qu'elle fait un pas de plus vers l'intimité de leur relation. De temps à autres il ralentit pour négocier un virage, éviter un obstacle ou au prétexte de considérer un élément du paysage. En fait, ce qui le motive davantage, c'est de sentir le corps de la jeune femme se plaquer contre son dos et son visage se rapprocher de sa joue sous l'effet de la brusque décélération. À travers le tissu fin de leurs t-shirts, il sent les formes qui s'appuient contre sa peau... Dans ces moments-là, il se dit qu'il commence à jouer avec le feu. Luru Ly aussi se rend compte que, de plus en plus vite, elle se laisse aller à une proximité croissante avec lui et, même si elle ne veut pas encore se l'avouer totalement, elle sait déjà où cela finira par la mener. Elle se dit qu'avant la fin de cette journée, il lui faut savoir clairement quels sont les sentiments et les intentions de Yann.

À mi-parcours, profitant d'un ralentissement qui permet une communication plus facile, la jeune femme demande à Yann de s'arrêter dès que l'opportunité d'un lieu correct se présentera pour faire une pause, ce qui sera également l'occasion de reprendre du carburant, selon le jeune homme qui acquiesce.

Ils font une halte au bourg suivant qui dispose d'une station où, après avoir fait le plein d'essence, ils peuvent en profiter pour passer aux toilettes et se rafraîchir le visage. Ils s'attablent ensuite devant un café au lait frappé.

— Il y a les champs de thanh long tu as vu ? demande Luu Ly.

— Les fruits du dragon, oui. Il y en a qui sont encore en fleur, et d'autres qui portent des fruits mûrs... Tu aimes ces fruits ?

— Oui. C'est bon.

— Alors on en achètera.

— C'est bien, comme ça on peut manger quand on veut et c'est aussi bon quand on a soif...

— On en prendra suffisamment pour en rapporter à tes parents.

— Bonne idée !

Un car passe, bruyant, interrompant un instant leur conversation. Yann reprend :

— Tu es déjà allée à Tà Cú ?

— Oui, avec la famille ; on a loué un petit bus avec chauffeur. Il y avait mes parents, les deux bác hai, Trường, le fils de bác hai et sa sœur Kim Chi, dĩ tư (c'est ma tante à Saigon) et dừng tư (mon oncle)…

— Hé ben ! Je vois que je ne connais pas encore toute ta famille !

— Oui, et même il y en a que tu sais pas ! s'exclame-t-elle avec un petit rire malicieux.

Yann ne comprend pas exactement ce qu'elle entend par là mais certainement a-t-elle redit, avec ses mots à elle, la même chose que lui, conclut-il.

Il la trouve gaie, aujourd'hui ; ce même allant qu'il lui avait trouvé lors de leur première rencontre. Elle sirote son cà phê sữa đá en le regardant de temps à autres, les yeux pétillants, tandis qu'il lui lance un sourire ou un clin d'œil complice avec la même expression de joie sur le visage ; puis ils font mine de s'intéresser aux alentours.

De l'autre côté de la rue, devant un atelier sombre, s'amoncellent des souches et une variété de branches tortueuses.

– Tu vois le bois, là-bas, il a des formes particulières ; j'ai l'impression qu'ils l'utilisent pour de la sculpture, non ? suggère Yann.

– Il fait des chaises, des tables et des animaux.

– C'est bien ce que je pensais.

– Tu veux voir ?

– Ben ouais, pourquoi pas !

Luru Ly appelle la serveuse pour l'addition :

– Em ơi ! Tính tiền !

Celle-ci arrive de la table à côté et encaisse les 30.000 dôngs de l'addition avant que Yann n'ait eu le temps d'extraire la liasse roulée au fond de sa poche de jean.

Luru Ly avait « préparé son coup » et avait discrètement sorti deux billets qu'elle n'avait plus qu'à tendre.

– Mais, Luru Ly ! proteste Yann.

– Aujourd'hui, c'est moi, je paye manger et boire ! impose-t-elle en prenant un air sérieux avant, finalement, d'esquisser un sourire.

– Bon, d'accord, obtempère le jeune homme en rangeant son argent. Puis il adresse une mimique d'impuissance à la serveuse restée là dans l'attente d'un éventuel changement. Lưu Ly indique à celle-ci que l'affaire est réglée puis tous deux se lèvent et rejoignent le bord de la chaussée pour la traverser.

– Anh ơi ! appelle une voix derrière eux, celle de la serveuse. Cái ba-lô ! continue-t-elle en indiquant le dessous de la table.

Yann se précipite pour récupérer son sac à dos et la remercie avec un sourire.

Une fois de l'autre côté, Lưu Ly interroge Yann :

– Elle est jolie ?

– Qui ? demande innocemment le jeune, sachant bien où elle veut en venir.

– La fille du café.

– Ah ? Oui.

– Je vois tu aimes les filles avec les longs cheveux...

– Oui... et aussi avec les cheveux courts, enchaîne Yann pour la taquiner en l'observant du coin de l'oeil.

– Ah ? fait Lưu Ly avec une moue de déception.

– Mais je préfère celle avec la queue de cheval ! reprend le jeune homme.

– Il y a beaucoup de filles avec la queue de cheval ! insiste Lưu Ly.

– Mais celle que je préfère, il n'y en a qu'une seule et elle porte un collier avec un dragon sur le médaillon, précise-t-il pour ne plus laisser de doute à son amie.

Elle se sent soudain un peu stupide d'avoir ainsi testé Yann car elle se souvient que c'est grâce à lui qu'elle a récupéré son pendentif et comment aurait-il pu agir de la sorte s'il n'avait pas été motivé par des sentiments forts ?

Elle lève un peu la tête pour voir ce visage aux yeux verts qui ont l'air de chercher à la rassurer. Elle ne sait que dire. Elle se hisse sur la pointe des pieds et lui pose un bisou sur la joue, accompagné d'un « Merci ». Puis elle regarde autour d'elle, un peu effrayée par ce témoignage d'affection qu'elle a manifesté en public, ce qui n'est ici pas aussi habituel qu'en France. Et que va penser Yann ?

Justement, Yann se dit qu'il est sur un petit nuage pas désagréable du tout mais que la route est encore longue ; alors il la prend doucement par le bras pour l'emmener dans l'échoppe du sculpteur sur bois.

Derrière la matière brute entassée au-dehors se cache du mobilier, essentiellement des tables et des chaises en pièces uniques, façonnées selon le mouvement naturel donné par les racines ou les branches. Des objets de moindre taille représentant un buffle, un échassier ou encore un serpent ont été soufflés au couteau par la même inspiration. À côté de ces représentants de l'art figuratif, divers personnages et créatures finement ciselés ont pris vie dans des blocs d'essences diverses qui se déclinent en tons de teck et d'ébène dans une atmosphère où flotte l'odeur du vernis.

Au fond de l'atelier, le chant de cigale du papier de verre cesse. L'artisan, une cigarette aux lèvres, vient vers les jeunes gens pour les renseigner. Une créature attire particulièrement l'attention de Luu Ly : un dragon aux naseaux fumants. La statuette représente l'animal avec les pattes avant

117

posées sur un globe. Il s'agit en fait d'un dispositif pour faire brûler de l'encens. Lorsqu'on soulève le dragon, la sphère s'ouvre pour y placer un cône dont la fumée, lorsqu'il se consume, chemine dans la sculpture jusqu'à sortir par les narines.

– Bao nhiêu ? demande Yann.

– 400.000, répond l'homme.

Une négociation coutumière, néanmoins ardue et soutenue par Luu Ly, permet de diviser le prix par deux.

Tandis que le vendeur emballe l'objet devant eux, Yann remarque, sur une étagère fixée contre le mur, une statue de Bouddha et, sur un petit meuble en dessous, un hippocampe aux nageoires de nacre ou, plus exactement, constituées de coquillages plats. Yann s'en approche pour mieux l'admirer. Il semble taillé dans le même bois couleur châtaigne que son Bouddha Rieur.

– Il n'est pas à vendre, le monsieur a dit, c'est un cadeau de son professeur, annonce Luu Ly.

– De toutes façons je ne voulais pas l'acheter... Mais c'est un beau poisson, n'est-ce pas ? juge Yann en payant le sculpteur qui lui tend son paquet.

– Chez nous on dit « poisson-cheval », tu connais ?

– Oui ! Nous on l'appelle « cheval de mer »... Et maintenant, il vaut mieux reprendre la route, il est déjà 10 h passées, fait remarquer le jeune homme en pointant une horloge murale.

Il n'ont pas roulé très vite et se sont arrêtés en chemin pour acheter de l'eau en bouteille, un paquet de biscuits et des dragons rouges. Lorsqu'ils arrivent au pied du mont Tà Cú, il est pratiquement 11 h, un peu trop tôt pour manger, conviennent-ils, mais ils comblent un petit creux par quelques bouchées de ces fruits à chair blanche qu'ils savourent assis dans l'herbe, en bordure d'une allée.

L'endroit est assez fréquenté mais pas autant qu'à l'occasion des fêtes du Têt où d'innombrables pèlerins viennent cheminer et prier devant les sanctuaires dont les jarres de sable déploient leurs bouquets de bâtonnets d'encens desquels s'élèvent les effluves qui embaument la forêt environnante. Le commerce touristique s'est sensiblement développé ces derniers temps, constate Yann qui a conservé quelques souvenirs de sa première visite, une dizaine d'années auparavant, ce que confirme le point de vue de Luu Ly.

Une fois calés, ils entament leur ascension en empruntant d'abord un sentier dallé qui mène au téléphérique. Il n'a pas changé, égrenant son chapelet de cabines ovoïdes aux couleurs vives pour déposer les visiteurs en contrebas de la pagode construite dans la montagne au milieu du XIX siècle. Ensuite, ce sont les marches de l'interminable escalier qu'il faut grimper pour y parvenir. Ils décident d'y faire une halte, Luu Ly souhaitant se recueillir un instant. Yann se joint volontiers à elle en allumant quelques bâtonnets qu'il tient du bout des doigts joints. Tous deux restent un moment immobiles, les yeux fermés, formulant en pensées leurs prières ou leurs vœux, puis, ensemble, s'inclinent devant la statue de

Bouddha. Ils font ensuite un bref tour de visite du lieu avant de sortir.

Soudain Yann s'arrête, surpris : sur un rebord, un personnage grassouillet soulève une coupe au-dessus de sa tête, tel un trophée, en arborant un large sourire. Un Bouddha Rieur ! Ce qui étonne Yann, c'est que celui-ci aussi est pourvu d'un coquillage, une large coque ronde ; c'est elle qui fait ici office de coupe. C'est la troisième statuette de ce type qu'il voit depuis son arrivée au Viêt Nam, une dizaine de jours plus tôt. Il en fait la remarque à Luu Ly et lui apprend par la même occasion qu'il possède également un Bouddha Rieur asssorti d'un coquillage.

Un bonze, voyant leur air intrigué, s'approche des jeunes gens et, comme s'il avait connu la raison de leur étonnement, se met à leur donner des explications.

Ce personnage a été sculpté par un moine qui a vécu ici entre 1962 et 1964 à l'époque où on a rénové la pagode et construit la statue de Bouddha. On l'appelle le « moine sculpteur ». Depuis son jeune âge, il a réalisé de nombreuses pièces avec toujours cette « signature » : la présence d'une coquille marine, symbole de ses origines côtières. Au nombre de ses créations variées, on compte six figurines de Bouddha Rieur dont celui-ci fait partie. Selon les dires, il a fait don d'un exemplaire à chacune des pagodes où il a passé une partie de sa vie, sauf un, qu'il a offert à un Français.

Cette phrase interpelle Yann qui indique au religieux posséder un Bouddha Rieur pouvant provenir de cette série. Sans vouloir contredire absolument le jeune homme, le moine lui fait part de ses doutes ; en effet, la statuette concernée a été donnée au dit Français il y a presque cinquante ans ! En outre, il est tout à fait possible que le moine sculpteur ne soit pas le seul à avoir eu cette idée, peut-être aussi a-t-il été copié… Yann admet tout à fait cette possibilité et évoque alors l'hippocampe aperçu dans la matinée. Une fois encore, le moine abonde en sens contraire : cette statuette d'hippocampe, il la connaît ; c'est effectivement une œuvre de ce moine sculpteur qu'il a offerte à son élève, l'artisan qui la possède aujourd'hui. Plus caractéristique, en revanche, sont les « petits secrets » que cachent ses œuvres. Ce Bouddha Rieur, par exemple, porte une coupe qui se remplit d'eau si on l'expose à la pluie. Lorsqu'elle est pleine, le poids fait pivoter les bras mobiles vers l'avant, ce qui permet à l'eau accumulée de se déverser en un filet sur la roue à aubes positionnée à ses pieds, la faisant tourner pendant quelques secondes.

Forts de ces intéressantes explications, les jeunes gens quittent la pagode pour poursuivre leur ascension vers la statue de Bouddha qui repose plus haut dans la forêt. Des interrogations subsistent cependant pour Yann : la statuette qu'il possède comporte bien la « patte » du moine sculpteur avec sa turritelle en guise de corne d'abondance. En outre, elle appartenait auparavant, sinon à une pagode, tout au moins au moine Liêm. Ce sont là déjà deux points concordant avec le récit qu'il vient d'entendre. Dans ce cas, pourquoi son Bouddha Rieur ne serait-il pas l'un des six ?

D'un autre côté, pour quelle raison, lui, Yann Demay, aurait-il eu le privilège de recevoir l'une de ces sculpture que son auteur a destinées aux lieux sacrés ?

– À quoi tu penses, Yann ?

La voix de Luru Ly l'extrait de ses pensées.

– À ces statuettes du moine sculpteur... Mais ce n'est pas important...

– Oh ! Regarde ici ! dit la jeune femme.

– Quoi ?

– Ces herbes tu connais ?

– Non ; qu'est-ce qu'elles ont de spécial ?

– On dit des « fleurs timides », regarde...

Luru Ly effleure les petites feuilles aux lobes dentelés qui se referment aussitôt en se repliant le long de leur nervure centrale.

Cela amuse Yann qui taquine à son tour ces plantes.

– Je suis souvent venu au Viêt Nam, mais c'est la première fois que je vois ça ! déclare-t-il.

– En France, les arbres et les fleurs ne sont pas comme au Viêt Nam, non ?

– De loin, en été, la forêt est verte, comme ici, mais de près, les arbres sont différents. Il y a des feuillus mais aussi des pins avec des aiguilles qui ressemblent un peu à l'arbre isolé, là-bas... Mais, chez moi, il n'y a pas de manguiers, par exemple, ni de cocotiers ou de flamboyants comme celui-ci avec ses magnifiques fleurs rouges... D'ailleurs, à ce sujet... dit Yann sans terminer sa phrase.

Il sort du chemin et descend un peu plus bas pour ramasser un fruit de cet arbre, une sorte de haricot plat géant de couleur brune. La gousse ouverte contient encore cinq graines oblongues que Yann recueille et vient présenter à Luu Ly dans le creux de la main.

– Tu en veux ?

– Non, répond-elle en riant, je n'ai pas besoin.

– Dans ce cas, je les garde, dit-il en les enfonçant au fond de sa poche, je vais les planter chez moi.

– Oh ! Mais il fait froid en France ! Je crois que l'arbre-ci n'aime pas la neige !

– Pas grave ! Je les mettrai en pots ; et l'hiver ils seront à l'intérieur. Ça ne donnera pas de grands arbres fleuris mais ça me rappellera le Viêt Nam... et notre promenade ici, explique Yann en plongeant son regard vert dans celui de Luu Ly avant de poursuivre :

– Tu vois, cet endroit me rappelle un peu chez moi ; quand on est dans la montagne – Les Vosges – on voit comme ici, au loin, la plaine qui s'étend avec ses minuscules villes mais, à l'horizon, il n'y a pas la mer, il y a d'autres montagne et c'est l'Allemagne... termine-t-il. Tu es d'accord que je te prenne en photo devant ce paysage ?

– Oui, comme tu veux.

– Place-toi à côté de cet arbre... indique Yann en sortant son smartphone.

À quelques mètres de là, un couple parlant anglais immortalise également sa visite à Tà Cú. Il s'approche de Yann et Luu Ly.

– Hi ! Do you speak english ? demande l'homme.

– Yes ! répond Yann.

– Will you please take a picture of me and my wife?

– No problem ! accepte Yann en recueillant leur appareil photo.

Le couple prend la pose, joue contre joue, à côté d'un rocher. La chose faite, l'homme propose de rendre la pareille aux jeunes gens.

– Il veut nous prendre ensemble en photo, tu es d'accord ? demande Yann à Luru Ly.

– Euh... Oui, répond cette dernière, un tantinet décontenancée.

Ils se tiennent côte à côte. L'homme fait un geste avec son bras pour les inciter à se tenir l'un l'autre. Yann passe alors son bras autour des épaules de Luru Ly tandis qu'elle le prend timidement par la taille. Il la sent contre lui, si proche, légèrement frémissante. Elle ne serait pas bien bronzée, il la verrait rougir.

Une fois la photo prise, les jeunes gens se relâchent en remerciant le couple qui poursuit son chemin vers le bas tandis qu'eux reprennent leur ascension.

Peu après, une forme blanche commence à se dévoiler au sein de la forêt. Ils débouchent devant la gigantesque statue de Bouddha allongé, le représentant accédant au nirvana.

La sculpture s'appuie sur un socle surélevé duquel on peut approcher en gravissant les gradins de pierre qui courent sur toute la longueur. C'est cette fois à l'initiative de Yann qu'ils se font photographier ensemble devant ce monument dédié à la sagesse. Ils grimpent enfin jusqu'au dernier degré pour s'y asseoir, juste en contrebas de la tête au visage serein qui repose sur son bras replié, comme s'ils voulaient confier leurs secrets à son oreille et leur destin à sa bienveillance.

– Ça va Luru Ly ?

– Oui, très bien...

Quelques secondes s'écoulent en silence jusqu'à ce que Luru Ly décide de se lancer :

– Yann ?

– Oui ?

– Je veux te parler...

– Moi aussi. Mais commence, si tu veux...

– Tu sais, il faut que je dis, je me sens bien avec toi... Je sens mon cœur battre fort quand je vois tu arrives et quand tu me souris... Avant, pour la photo, j'aime quand tu me tiens... Mais aussi, j'ai peur pour ensuite. Tu vas aller en France, moi je reste ici, alors je ne te vois plus... Et tu vas m'oublier peut-être... En plus je ne sais pas ton idée sur moi... nous deux...

– Oh, Luru Ly ! Si tu savais ! commence Yann, ému par la franchise de Luru Ly. Moi aussi, je ressens la même chose que toi ; depuis notre première rencontre, j'ai souvent pensé à toi et, depuis quelques jours, je ne peux plus me passer de ta présence... Je t'ai déjà parlé de moi, et tout ce que j'ai dit est la vérité, mais il y a encore des choses que tu dois savoir...

– Tu es marié ? suggère la jeune femme avec un soupçon de crainte dans la voix.

– Luru Ly ! Je viens de dire que je n'ai pas menti, alors ne pense pas des bêtises, dit Yann sur un ton ferme mais avec tendresse. Non, je n'ai pas de femme et pas d'autre amie que toi.

Il marque une pause, ne sachant trop comment parler de son cas sans la brusquer. Il choisit finalement de raconter les évènements dans leur chronologie pour amener ainsi progressivement son amie à comprendre ses actes :

– Après notre rencontre, fin 2010, j'ai été heureux d'avoir fait ta connaissance, tu sais. Je suis rentré chez moi en me disant que je reviendrai le plus tôt possible pour essayer de te revoir... Je t'avais téléphoné, tu te rappelles ?... Mais après, les choses ont commencé à aller mal. Début de l'année suivante, mon père est tombé malade et a perdu son travail. Ensuite, c'est moi qui ai perdu mon travail et puis mon père est mort, à la fin de l'année...

Luru Ly prend la main de Yann. Il poursuit :

– L'an dernier, j'ai retrouvé du travail ; j'ai fait des économies car j'avais le projet de revenir au Viêt Nam cette année. Je n'avais plus de tes nouvelles (je sais maintenant que tu avais perdu ton téléphone) mais je pensais passer au marché, chez ta tante à Saigon, pour essayer de te retrouver. Seulement, il y a trois semaines, suite à des analyses, j'ai appris que j'avais le cancer... annonce Yann en regardant Luru Ly dans les yeux. Tu comprends ? Ung thư !... Et, en plus, j'ai reperdu mon travail car l'entreprise a fermé...

J'ai tellement déprimé que j'ai décidé de venir finir ma vie au Viêt Nam... La finir plus vite... Oui, Luru Ly, quand je suis allé sur l'île Ghênh, c'était pour mourir ! Je voulais nager jusqu'à l'épuisement pour me noyer ! confie le jeune homme, le visage grave.

Luu Ly le regarde, abasourdie. Ainsi, Yann est gravement malade ! Et quand elle l'a aperçu en ville il y a une semaine, le visage mal rasé et le regard fuyant, il était sur le point d'aller se suicider ! Ces nouvelles la bouleversent, ses pensées se bousculent ; elle est partagée entre des sentiments amoureux naissants, la compassion pour son ami et la remise en question de leur histoire devant l'avenir incertain qui se dessine et la personnalité d'un homme qui en arrive à cette extrémité.

Ils restent silencieux, chacun attendant une nouvelle réaction de l'autre. Yann reprend la parole sur un ton qu'il veut rassurant :

– Luu Ly ! Quand je me suis réveillé à la pagode, j'ai parlé avec le moine Liêm. J'ai réfléchi et... je t'ai retrouvée, dit Yann en posant son autre main sur celle de la jeune femme qui tient toujours la sienne. Pour moi, ça a été comme une renaissance, comme si une nouvelle vie commençait. Grâce à vous et ton papa, j'ai une chance supplémentaire de vivre. Je veux faire mon possible pour vous et pour me soigner et revenir auprès de toi... Mais tu vois bien que je ne peux rien te promettre... Alors, je voudrais qu'on soit amis, si tu veux bien... Je ne peux pas te demander de t'engager avec moi car je ne sais pas combien de temps je vais vivre ; je veux que tu restes libre... Tu comprends, Luu Ly ?

Après un instant de silence pendant lequel les mots de Yann résonnent dans sa tête, Luu Ly répond :

– Oui, Yann... Mais je suis tellement... tellement...

– Bouleversée, choquée ?

– Oui... Alors, je suis ton amie, bien sûr, mais je dois réfléchir aussi.

– Je comprends, Luru Ly ; fais ce que tu penses être le mieux pour toi.

– Peut-être, maintenant on descend de nouveau ?... propose-t-elle avec un sourire timide.

– Oui.

Sur le chemin du retour, ils s'arrêtent pour prendre un repas. Leur pause est moins animée qu'auparavant et Luru Ly a perdu de sa spontanéité. Yann a l'impression que quelque chose entre eux s'est rompu, ce qui l'attriste, mais il ne pouvait pas entretenir cette situation de semi franchise ni bâtir une relation sur une base faussée.

Lorsqu'il laisse Luru Ly chez elle en fin d'après-midi, elle semble mal à l'aise et propose à Yann :

– Je préfère que demain on ne se voie pas. Je dois réfléchir et peut-être toi aussi ; je crois que c'est bien pour tous les deux. Alors si tu veux, tu viens jeudi matin pour aller voir papa et partir après à Saigon.

– Tu as raison. Je crois aussi que c'est bien de passer une journée l'un sans l'autre, admet Yann, d'un ton résigné.

Ils se quittent avec, dans les yeux, une lueur de tristesse et le reflet du soleil qui commence à décliner à l'horizon.

L'eau tiède rend la mer accueillante et l'invite à plonger sous un ciel duquel la brise semble avoir soufflé jusqu'au moindre mouton. Il nage tranquillement en s'éloignant progressivement de la plage. À l'horizon, soudain, des nuages gris s'accumulent, l'eau se rafraîchit. Il traverse peut-être un courant marin froid. Les vagues commencent à s'élever et le soleil disparaît derrière un voile noir. Il fait demi-tour pour regagner la terre ferme mais il ne parvient plus à s'en rapprocher et ses forces, graduellement, le quittent. Il aperçoit un bateau et, avant d'être une première fois submergé, appelle à l'aide. L'embarcation ronde se rapproche ; il reconnaît la silhouette qui se trouve à bord... Et crie : « Lưu Ly ! ». Juste avant de sombrer, il l'entend crier son nom : « Yann ! »

Il se redresse brusquement en haletant sur son lit. Il regarde par la fenêtre, entre les rideaux. Dehors, une lueur annonce l'aube. Yann se lève, avale une gorgée d'eau et sort.

Assis à la table devant le bâtiment principal, le patron est en train de boire un café.

– Uống cà-phê chưa ? lui demande celui-ci.

– Chưa ! Chút xíu nữa, tôi uống ! répond Yann en indiquant la gloriette où il voudrait qu'on vienne lui en apporter un, car il souhaite faire quelques pas sur la plage auparavant.

En fait, sa promenade se limite à simplement aller s'asseoir sur le sable, devant l'océan qui jette inlassablement ses dentelles blanches dans la brume matinale, et regarder les non moins inlassables pêcheurs tirer leurs filets quotidiens.

Et lui, il est dans ce même état de déprime devant ce même paysage, comme il y a une semaine, avec cette même idée de faire un geste désespéré...

– Anh ơi ! Anh Yann !

Une voix l'appelle derrière lui. Il se retourne. C'est l'employée au portail qui donne sur la plage ; elle l'informe avoir apporté son café. Il la remercie en faisant un geste de la main et se lève. « Tiens ! Je ne savais pas qu'elle connaissait mon prénom », se dit-il en regagnant la table sous le toit en feuilles de palmier.

Le verre avec son filtre et le sucrier de porcelaine blanche ornée de petites fleurs bleues lui rappellent sa première rencontre avec Luru Ly, cette jeune femme souriante qu'il vient de retrouver, les traits creusés par les soucis. « Non et non ! Je ne peux pas me laisser aller et avoir ces idées extrêmes, je dois faire face à mes problèmes comme elle le fait avec les siens, réagit-il ; en plus, je me suis engagé à l'aider, je dois tenir ma parole... D'ailleurs, le médecin n'a pas dit que je suis condamné mais que j'ai une chance de m'en sortir, alors je dois la saisir pour pouvoir, peut-être, retrouver la santé... et Luru Ly ! Après tout, une journée pour faire le point, c'est normal ; tout est allé si vite...

Yann passe ainsi la plus grande partie de ce mercredi à penser à Luru Ly, à leur histoire et à émettre des hypothèses sur l'avenir dans un état d'esprit oscillant entre optimisme et pessimisme.

Pour se changer les idées dans l'après-midi, il regarde la télé. Avant le début de soirée, il informe le patron qu'il partira le lendemain matin, et règle le solde de son séjour. Il rassemble ensuite ses affaires et les range dans la valise et le sac à dos. La statuette du Bouddha Rieur, il l'offrira à Luru Ly, en guise de souvenir et de porte-bonheur. Il la pose un instant sur la table de la chambre et l'observe, la manipule. Rien ne semble mobile sur ce modèle. Si ! Le coquillage semble amovible ; il tire délicatement dessus et celui-ci reste entre son pouce et son index. À quelle fin peut on enlever cette pièce, il n'arrive pas à le déterminer. La seule constatation qu'il fait, c'est que l'on peut maintenant voir une fente dans le bois sous l'emplacement ainsi libéré. Mais il ne remarque rien de plus.

Peu importe. Yann regarde encore ce visage hilare qui lui donne envie de sourire.

– Va porter chance à Luru Ly, s'il te plaît ! se surprend-il à dire à voix haute avant de lui restituer sa turritelle et de le ranger dans son sac.

Après avoir dîné sous la gloriette, Yann reste encore un moment allongé dans le hamac, écoutant le murmure de l'océan tandis que la nuit commence à tomber.

Des pas précipités s'approchent de lui soudain. C'est à nouveau l'employée qui vient à sa rencontre, cette fois en tenant à la main un portable qu'elle lui tend ; une communication pour lui, semble-t-il. Il le prend tandis qu'elle reste aux alentours à passer un coup de balai.

– Allô ?

– Allô ? Yann ?

– Luru Ly !?

– Oui, c'est moi. Oh ! Yann, j'avais peur...

– Quoi ? Tu as des problèmes, Luru Ly ? s'inquiète le jeune homme en se redressant.

– Non, non !... Mais, j'ai appelé ton numéro mais tu ne décroches pas ; j'avais peur, à cause de hier, tu vas de nouveau...

– Rassure-toi, Luru Ly, je ne ferais plus de bêtises, c'est toi qui me donnes envie de vivre. Tu sais, j'ai laissé mon téléphone en charge dans la chambre et je suis dehors, voilà... explique Yann.

– Oui, Kim Chi m'a dit... Yann, je veux encore te dire avant que tu vas dormir : depuis que tu es venu, tu es très gentil avec moi et ma famille, tu nous aides, tu fais attention à moi...

– Ton père m'a sauvé la vie et aussi, tu connais mes sentiments pour toi...

– Mais peut-être un autre homme ne cherche pas mon père pour remercier, il n'aide pas ma famille, il ne m'aime pas... Alors, je veux te dire que je veux on continue comme avant jusqu'à tu pars en France. Je pense que je suis aussi là pour t'aider, Yann... Je pense que je t'aime...

– Moi aussi, Luru Ly, je pense que je t'aime... avoue à son tour le jeune homme ému.

– Bonne nuit, Yann, à demain, termine Luru Ly.

– Bonne nuit, Luru Ly... Et merci !

Yann raccroche et pose l'appareil sur la table, l'esprit encore embrumé par cet échange sentimental.

L'employée revient vers lui en indiquant d'un geste accompagné d'un petit rire malicieux qu'elle voudrait récupérer son téléphone.

Yann le lui rend avec un sourire en coin, se disant qu'elle est bien étrangement coquine par moments, à croire, même, qu'elle aurait saisi et compris un brin de leur conversation. Après quoi il se lève en s'étirant et reprend le chemin de sa chambre tandis qu'elle retourne à l'office.

Yann s'est fait déposer chez Luu Ly en taxi. Il le mobilise dans la foulée pour aller avec la jeune femme et sa mère rendre visite au père encore hospitalisé Il devrait d'ailleurs pouvoir sortir et poursuivre sa convalescence à la maison dès la semaine prochaine, selon le médecin, leur apprend ce dernier.

Aujourd'hui, ils ne peuvent pas rester en sa compagnie jusqu'au déjeuner puisqu'ils doivent être à l'agence à 13 h pour le départ du car qui les emmène à Saigon. En fin de matinée, ils prennent congé de lui ; Yann le salue en lui serrant la main, lui souhaite de vite se rétablir et de ne pas s'inquiéter pour sa femme et sa fille sur lesquelles il s'engage à veiller jusqu'à leur retour. Avant de lâcher la main de Yann, Thìn lui glisse avec sourire complice:

– Luu Ly aime visiter la France...

– Je sais, répond le jeune homme avec un clin d'œil.

Après leur nuit à l'hôtel dans lequel Yann avait réservé deux chambres – l'une partagée par Luu Ly et sa mère, l'autre pour lui – ils se rendent de bonne heure à l'hôpital franco-vietnamien dans le septième arrondissement de Saigon, où ils passent la matinée. Une première rencontre avec le spécialiste pour auscultation amène celui-ci à soupçonner une tuberculose mais il propose de passer une radio de contrôle pour en être tout à fait certain. Celle-ci vient confirmer le diagnostic. Il rassure tout le monde en expliquant que, si la mère de Luru Ly suit scrupuleusement l'ordonnance l'obligeant à prendre plusieurs antibiotiques destinés à éliminer le bacille et contrer sa résistance, elle pourra guérir en l'espace de six mois.

Mais Yann s'inquiète aussi de la contagion pour Luru Ly ; celle-ci le rassure : elle est vaccinée.

L'après-midi, ils limitent leurs déplacements en ville à une visite chez la tante My Lan, au marché, l'air de Saigon étant plutôt difficile à supporter pour les poumons malades. Le soir, rejoints par l'oncle, ils se retrouvent autour d'une fondue à la chèvre dans un restaurant en périphérie sud de la ville.

Ils ne prolongent pas trop la soirée car le lendemain à 8 h, c'est le départ pour retourner à Phan Thiết. Cette perspective rend Yann un peu mélancolique, une lueur que Luru Ly décèle lorsqu'il la regarde.

– Ça va pas, Yann ? demande-t-elle.

– Demain matin tu pars et moi je dois rester... J'aurais aimé passer encore un peu de temps, juste avec toi...

– Moi aussi… Alors demain...

– Il faut se lever tôt !

– Mais après, quand maman est partie ! dit Luru Ly avec un sourire énigmatique.

– Et toi, tu...? commence Yann, osant à peine croire ce que cela suggère

– Je reste avec toi jusqu'à dimanche !

– C'est vrai ? s'exclame-t-il, les yeux écarquillés.

S'il n'y avait eu l'habituel bruit ambiant des conversations, tout le monde aurait entendu son enthousiasme.

– Mais oui ! confirme-t-elle en riant.

– Alors, il faut tout de suite réserver ta chambre pour une nuit supplémentaire ! dit Yann en prenant son téléphone.

– Pourquoi ? Ta chambre n'est pas assez grande pour nous deux ? demande Luru Ly en posant sa main sur celle de son ami afin de l'empêcher d'appeler.

Yann n'a d'autre réponse à donner qu'un large sourire ébahi.

Si, en ce samedi d'avril, il n'y a aucun nuage dans le ciel de Saigon, il y en a indéniablement un qui transporte ce jeune couple naissant que forment Yann et Luru Ly. Sans se le dire, ils veulent que cette journée soit la plus belle possible, ne sachant exactement quel avenir se dessine. Ils en profitent encore pour mieux se connaître et se faire découvrir l'un l'autre des lieux de Saigon. Après avoir accompagné la mère de Luru Ly jusqu'au car, ils vont prendre un petit-déjeuner français dans le centre puis font quelques emplettes vestimentaires dans un grand magasin près de l'Université des Sciences, allant ensuite goûter un peu de fraîcheur dans un parc. À midi, Luru Ly invite Yann à manger des crêpes vietnamiennes dans un resto du quatrième arrondissement après quoi, repus, ils vont se promener à Đám Sen, au jardin des lotus, où les jeunes couples viennent poser en tenue nuptiale pour immortaliser les couleurs de leur union.

– Tu vois, Lưu Ly, mon rêve c'est qu'un jour on soit tous les deux ici, comme eux... Et je ferai tout mon possible pour que ce jour arrive... déclare Yann, en essuyant une larme sur la joue de la jeune femme.

La fin d'après-midi, ils la passent devant un film américain projeté dans une salle située au dernier étage d'un centre commercial, profitant de la pénombre pour se serrer l'un contre l'autre. La nuit est déjà tombée lorsqu'ils se font déposer par un taxi au grand marché central dont la halle ferme ses portes au profit de petits commerces qui s'illuminent et s'animent tout autour. C'est là qu'ils vont dîner avant de faire quelques pas sur la place arborée située à proximité où, à la lueur des lampadaires, l'on vient prendre un cours d'arts martiaux, regarder des enfants lancer de petits gadgets volants qui s'éclairent en tournoyant, ou encore, tout simplement, s'asseoir sur un banc pour bavarder.

Yann et Lưu Ly rentrent à l'hôtel éreintés mais heureux de cette journée. À peine dans la chambre, ils posent leurs sachets de shopping et se laissent tomber assis sur le lit.

– Je pense qu'on va bien dormir ce soir ! disent-ils tous deux d'une même voix. Puis ils éclatent de rire.

– Encore un point commun, fait remarquer Yann.

– Ça fait combien, alors ?

– Beaucoup, je crois... répond le jeune homme en la regardant tendrement.

– Bon ! Je vais doucher ! annonce Luru Ly.

– D'accord ! J'irai après toi.

Tandis qu'elle récupère des affaires dans son sac de voyage et se rend dans la salle d'eau, il cherche une boite de « baba » dans le réfrigérateur. Lorsqu'elle ressort, elle est vêtue d'un pyjama léger de couleur jaune pâle dont le haut se tend sur les pointes de sa petite poitrine et le bas marque les ravissantes courbes sur lesquelles elle s'assoit après avoir rangé ses vêtements.

– Je peux boire aussi ?

– Tu bois de la bière, maintenant ?

– Pourquoi pas ?

– Je te cherche une boite.

– Non, c'est trop. Je bois celle-là, c'est possible ?

– Oui, bien sûr.

Yann lui tend sa boisson qu'elle porte à la bouche pour en avaler deux gorgées avant de la lui redonner. Immédiatement ensuite, il en fait de même, comme pour essayer d'avoir le goût de ses lèvres avant qu'il ne se volatilise. Puis il se lève et va se laver à son tour. Pendant ce temps, Luru Ly fait jouer un peu de musique sur son portable tandis que le jet de la douche se fait entendre. Cinq minutes s'écoulent et la porte s'ouvre, laissant passer Yann, une serviette nouée autour de la taille.

– J'ai oublié de prendre mes vêtements, dit-il en allant fouiller dans sa valise pour en retirer un short et un t-shirt.

– Ah ! Je vois tu te mets tout nu devant les autres filles mais pas devant moi ! l'interpelle Lưu Ly avec un sourire coquin.

– Comment ? Devant les autres filles ? D'où tu sors ça ?

– Mais oui, à Hoa Biển ! Tu as oublié ?

– À Hoa B.... Ah oui !... Mais je n'ai pas fait exprès!... Et comment tu sais ça ?

– Ma cousine m'a dit... Kim Chi !

– Kim Chi ! C'est *elle* qui travaille là-bas ?! s'exclame Yann. Ah ! Maintenant je comprends plein de choses... Et tu ne m'as rien dit jusqu'à présent, cachottière !

Puis, plus calmement, il ajoute en dénouant sa serviette :

– Mais si tu as envie de me voir nu... Voilà...

Le sourire coquin de Lưu Ly laisse place à une expression plus empreinte d'émotion. Elle n'ose pas détacher son regard du visage de Yann. Elle lui tend la main pour l'inviter à s'asseoir auprès d'elle. Il pose ses lèvres sur les siennes, la prend dans ses bras, leur baiser devient plus fougueux... Son émotion devient visible. Il relâche alors la jeune femme.

– Je ne sais pas si c'est bien d'aller plus loin, tu sais que je ne...

– Chut ! dit Lưu Ly à voix basse en posant son index sur la bouche du jeune homme.

Elle lui prend ensuite la main et la glisse sous le haut de son pyjama pour la poser sur sa poitrine. Puis elle ôte le vêtement et se serre contre le torse de Yann en chuchotant :

– Je veux, maintenant.

Doucement ils s'allongent, le bas du pyjama glisse, leurs corps se mêlent.

Le dimanche matin, ils traînent encore longtemps enlacés sur le lit, comme pour rattraper par avance le temps qu'il vont perdre à ne plus être ensemble. Quand se reverront-ils ? Combien de jours passeront ? Combien de mois ?...

Ils vont déjeuner assez tard d'un bol de phở puis retournent à l'hôtel, dans la chambre qu'on leur a accordé de libérer seulement dans l'après-midi.

Après avoir pris une dernière douche rafraîchissante, Yann cherche les vêtements qu'il mettra pour le voyage tandis que Luru Ly, allongée sur le lit où ils se sont donnés l'un à l'autre une dernière fois avant longtemps, le regarde faire, observant ce corps qui l'a étreint pour mieux le graver dans sa mémoire. Il n'est ni musclé ni maigre ; ses yeux légèrement en amande et sa peau mate rappellent son métissage. Quelques poils sur les jambes et le torse – qu'elle s'est amusée à tirer ce matin pour le taquiner – distinguent ce physique de celui de la plupart des asiatiques.

Yann portera son jean et une chemise sous sa veste. En les sortant de la valise, il prend également le Bouddha Rieur.

– Luru Ly, je te confie cette statuette...

– Non, c'est à toi, pour te porter bonheur... répond la jeune femme en s'asseyant.

– Elle m'a déjà apporté la chance d'être avec toi ; si le destin le veut, la chance sera encore un peu avec moi... Alors garde-là pour que son visage qui rit te donne le sourire en pensant à moi.

Luru Ly tend les mains et accepte ce cadeau qu'elle pose à côté d'elle. Elle ôte alors le pendentif doré qui orne son cou, ce reflet de lumière sur la peau hâlée de son corps nu, qu'elle tend à Yann.

– C'est trop, Luru Ly. C'est un souvenir de ta grand-mère...

– Sans toi, je ne l'aurais plus. Ce sera un souvenir de moi.

Chapitre VI

Bouleversement

Jamais un vol Saigon-Paris ne lui a paru aussi triste. À chaque affichage de la distance parcourue sur l'écran central, Yann repense à Luu Ly qui s'éloigne. Avec le repas du soir, il a pris un apéritif et boit du vin, attendant de l'alcool qu'il soulage son coeur et l'aide à s'endormir plus facilement. Les films, il les a déjà vus à l'aller, les hôtesses, non, mais elles ne l'intéressent pas.

Durant son transit à Paris, il a remis sa veste ; il doit bien y avoir vingt-cinq degrés de moins qu'à Saigon où il se trouvait encore la veille, selon son estimation. En fin de matinée, il arrive à l'Euroairport où l'attend l'oncle Martin à qui il avait communiqué le numéro de vol, quelques jours auparavant. L'homme de soixante-six ans, encore bien dynamique, l'accueille à bras ouverts.

– Heureux de te retrouver, mon gars.

– Moi aussi, répond Yann avec toutefois moins d'enthousiasme.

– Tu verras, je suis sûr que ça ira, dit Martin pour essayer de lui remonter le moral. Tu as faim ? Je t'emmène manger...

– Pas trop... Tu sais bien, toutes ces heures passées assis dans l'avion...

– Comme tu veux. Tu préfères que je te ramène chez toi ?

– Ouais. Je vais me débarbouiller et peut-être faire une sieste... Mais, si tu veux, on mangera ensemble, ce soir. Je viendrai chez toi dans l'après-midi ; j'ai pas mal de choses à te raconter...

– Tant mieux ! Si tu veux causer, c'est bon signe, mon gars...

– J'espère !

Martin dépose Yann chez lui. Il retrouve ce 3 pièces sur lequel il avait jeté un dernier regard il y a deux semaines en pensant qu'il ne le reverrait peut-être plus. Sur la table du salon, une enveloppe, celle qu'il avait laissée pour Martin, ses dernières volontés au cas où il ne reviendrait plus. Il la jette à la poubelle et enclenche le disjoncteur principal. Il fait froid. Il allume les radiateurs en commençant par ceux de la salle de bains et sa chambre. Il se rend dans la cuisine. Tout est silencieux. Il manque le ronronnement du réfrigérateur. Il en ouvre la porte pour tourner le bouton de mise en marche. Il va falloir faire des courses, il est vide ; en revanche, il reste du café moulu. Yann s'en prépare une petite cafetière, ça le réchauffera un peu le temps que la température de l'appartement soit confortable. En attendant, il défait ses bagages. Son sac à dos et sa valisette vides, il s'assied un instant dans le canapé en buvant une tasse. Il ôte sa veste et en sort d'une petite poche fermée par une glissière le collier de Luru Ly. Il l'observe le temps de finir son café. Au bout de la chaînette dorée, le médaillon comporte en relief un dragon dont le museau, une patte et la queue dépassent du disque qui le supporte et avec lequel il forme un seul bloc.

Yann pose l'objet sur une étagère de son meuble de salon, à côté de la matriochka, puis il va se doucher.

Avant d'aller faire une sieste, il prend son portable pour appeler Luru Ly.

« Pas de réseau ? » constate-t-il, un peu énervé. Il se rappelle alors qu'il y a encore la carte sim du Viêt Nam dans son appareil. Il la remplace par celle de son opérateur habituel. Les appels manqués, il s'en occupera plus tard, il veut d'abord entendre la voix de sa chérie.

– Alô ?

– C'est Yann. Tu vas bien ?

– Oui, ça va. Tu arrives bien à la maison ?

– Oui. Chez moi, je me sens seul. Tu ma manques déjà...

– Toi aussi.

– Et ta maman, elle prend ses médicaments ?

– Oui, je fais attention.

– Et tu as rendu visite à ton père ?

– Oui. Il rentre à la maison vendredi... Et toi tu vas chez le docteur déjà ?

– Mais non, je viens d'arriver ! Je vais téléphoner demain…

– Tu dois faire vite, tu sais, hein !

– Ne t'inquiète pas... Tu as mangé déjà ?

– Non. Mais maintenant maman apporte le riz.

– Bon, alors je vais te laisser manger. Moi, je vais dormir un peu… Je t'appelle demain, tu veux ?

– Bien sûr ! Je pense à toi beaucoup...

– Moi aussi... Je t'aime, Luru Ly...

– Je t'aime, Yann...

Vers le milieu de l'après-midi, Yann sonne chez son oncle Martin.

– Alors, t'as pu roupiller un peu ?

– Oh, une bonne heure ! Après je suis allé faire quelques courses...

– Ce soir je te propose d'aller manger une pizza, ça te va ?

– Ouais.

– Café ? demande Martin en lui indiquant un pouf.

– Je viens d'en boire un avant de partir.

– Bon, installe-toi et raconte !...

Yann s'assied et commence son récit :

– En fait, quand je suis parti, tu m'avais presque convaincu de revenir mais, dans l'avion qui m'a emmené au Viêt Nam, j'ai ressassé, déprimé et, en fin de compte j'en étais revenu à mon idée initiale : finir mes jours là-bas... en me suicidant pour pas passer par des souffrances...

– Je me doutais que tu risquais de craquer, alors j'avais contacté Cam...

– Et moi, je me doutais que tu allais me faire chaperonner, alors je lui ai fait faux bond !

– On a vu ! dit Martin en secouant la tête.

Yann raconte ses premiers jours au Viêt Nam jusqu'au moment de sa rencontre avec Liêm.

– C'est lui qui m'a amené à réfléchir... Mais pas seulement lui... Et il m'a donné un Bouddha Rieur porte-bonheur en me disant qu'il me revenait de droit, mais je ne sais pas pourquoi...

– Et le pêcheur qui t'a sauvé, tu es allé le voir ?

– Oui ! Mais là, tu vas voir comme c'est surprenant. D'abord, est-ce que tu te rappelles de cette fille que j'avais rencontrée en 2010, je t'en avais parlé...

– Celle qui est « tombée à tes pieds » ? demande Martin avec un soupçon de plaisanterie.

– Oui, si on peut dire...

– Ce serait elle qui t'a sorti de l'eau ?

– Non, quand même pas ! Mais tu n'es pas tombé loin : c'est son père !

– Ben dis donc ! Alors, grâce à lui, tu l'as retrouvée, elle !

– Exact !

– Et je flaire une histoire sentimentale là-dessous, non ?

– Tu as toujours eu du flair, tonton !

– Je te connais, je sais que tu es quelqu'un de sentimental...

Yann poursuit ensuite son récit jusqu'au départ de la mère de Luru Ly, la suite ne le regardant plus.

– Eh ben, tu t'es pas ennuyé ! Et tu as vachement bien fait d'aider cette famille... Finalement, j'ai maintenant une involontaire alliée pour te motiver à te soigner, n'est-ce pas ?

– Oh, oui ! confirme Yann se donnant un air d'enfant ayant fait des bêtises.

– Mais y a un truc qui me turlupine un peu... Tu as parlé d'un Bouddha Rieur...

– Oui... et alors ?

– Attends...

Martin laisse un instant le jeune homme au salon pour aller dans sa chambre. Yann l'entend fouiller dans une armoire.

Il jette un regard sur la pièce. Il est souvent venu rendre visite à son oncle mais il n'a jamais vraiment prêté attention à son appartement.

Oncle Martin est un « soixante-huitard » ; il avait 21 ans en mai 68. Cette année-là, il n'a pas participé aux évènements, il est rentré en France parce qu'appelé sous les drapeaux, mais il en a tout de même hérité la mentalité.

Célibataire endurci – il veut rester libre, dit-il toujours – il n'a jamais fondé de famille, voilà pourquoi il considère Yann un peu comme un fils, surtout depuis la mort de Didier, son frère, le père du jeune homme.

Et son intérieur ressemble visiblement à celui d'un célibataire, voyageur invétéré de surcroît, qui rapporte nombre d'objets souvenirs dont il pare son logement. Yann vit seul aussi, il a cependant opté pour arranger son appartement dans un style plutôt contemporain ; « chez oncle Martin, le style c'est qu'il n'y en a pas », se dit Yann avec un sourire compréhensif.

– Bordel, où c'est que j'ai fourré cet album ! s'exclame oncle Martin en revenant, visiblement énervé.

– Tu cherches quoi ?

– Un album de photos...

– Et là, sur l'étagère, celle en teck...

– Non ; ça c'est des photos de voyage... Je cherche des photos de famille, du temps où on habitait au Viêt Nam...

– Dans la malle de voyage, là... propose Yann en indiquant un vieux coffre.

– Non ; ça, c'est la malle qui appartenait à tes grands-parents. C'est tout ce qui reste de leur vie là-bas. C'est Cam qui nous l'avait conservée et remise à ton père et moi, après leur mort... On l'a ouverte qu'une seule fois, juste pour voir ce qu'il y avait dedans et... Bon sang ! Tu as raison ! C'est là que j'ai rangé l'album il n'y a pas longtemps, à sa place initiale, finalement ! Hou là, je crois que l'âge commence à me jouer des tours ! dit Martin en agitant l'index.

Il ouvre la malle et en sort le fameux album, puis tourne les pages, l'une après l'autre, jusqu'à celle qui l'intéresse et qu'il vient montrer à Yann.

– Tu vois, là : une statuette de Bouddha Rieur. Figure-toi que c'est un moine qui l'avait donnée à mes parents. Coïncidence étrange, non ?

– C'est un peu petit sur la photo mais c'est vrai qu'elle ressemble beaucoup à celle que j'ai reçue, sauf...

– Sauf quoi ?

– Celle-ci n'a pas de coquillage.

Martin regarde une nouvelle fois la photo en mettant ses lunettes.

– C'est vrai, admet-il.

– Pourtant, y a un truc bizarre : la forme du bras du personnage fait penser qu'il devrait être en train de tenir quelque chose...

– Eh oui... En fait... Attends que je me rappelle... Je devais avoir dix, onze ans à l'époque... Oui, c'est ça, il y avait un truc long comme ça, je ne crois pas que c'était un coquillage, mais je l'avais cassé en jouant avec la statuette à l'insu de mes parents... D'ailleurs ils s'en sont doutés après... Mais sans preuve... Ça pouvait être quelqu'un d'autre, tes grands-parents étaient très accueillants... évoque Martin avec un sourire néanmoins empreint de culpabilité.

– Et qu'est-ce qu'elle est devenue, cette statuette ?

– J'en sais rien... À l'époque, ça craignait pas mal, là-bas ; tes grands-parents en sont morts, comme tu sais... Tout ce que Cam a pu récupérer, il l'a mis dans cette malle ; le reste...

– Et le Bouddha Rieur n'y était pas ?

– Eh, non... répond Martin en soupirant. Mais le tien, tu l'as mis où ?

– Je l'ai donné à Luu Ly, en souvenir.

– Bah ! C'est pas important... conclut Martin. Il regarde machinalement le coucou de la Forêt Noire accroché au mur et qu'il a rendu muet pour passer des nuits plus tranquilles. Oh ! On cause, on cause et il est pratiquement l'heure d'aller manger ! s'exclame-t-il. Allez hop ! On y va ! T'as pas la dalle ?

– Euh, oncle Martin ?

– Oui...

– Je pourrais avoir une photo des grands-parents ?

– Mais bien sûr, mon gars !... Tiens, je te propose celle-là, on les voit bien de face.

Yann prend la photo en noir et blanc que lui tend son oncle. Au dos, on peut lire : « Abel et Emma Demay – Dà Lạt – 1957 ».

Des brûlures d'estomac et une vessie pleine le réveillent au milieu de la nuit. « J'aurais pas dû manger autant, hier soir, se dit-il, j'étais si fatigué avec le décalage horaire qu'en voulant me coucher tôt j'aurais mieux fait de prendre un truc léger ». Après être passé aux toilettes, Yann se prépare une solution de bicarbonate de sodium qu'il avale d'un trait avec une grimace, ce remède étant aussi difficile à boire qu'efficace en quelques secondes. Soulagé, il retourne se coucher mais ne parvient pas à se rendormir ; il y a deux jours, à cette heure, la matinée avait déjà commencé. Il repense à la discussion avec son oncle, au restaurant. À cette occasion, il en a appris un peu plus sur sa famille. Ainsi, lorsque l'oncle Martin avait été libéré de son service militaire, il était retourné au Viêt Nam mais sans y rester longtemps. La situation là-bas devenant de moins en moins sûre – notamment en raison des combats entre la résistance Viêt Cộng et les Américains – ses parents l'avaient convaincu de repartir pour la France en emmenant Didier son jeune frère alors âgé de quinze ans afin qu'il aille au lycée en métropole. Ce fut la dernière fois que le père et l'oncle de Yann avaient vu leurs parents vivants ; ces derniers moururent, l'année suivante, lors d'un attentat perpétré dans un quartier de Saigon fréquenté par les soldats US. Cam, de passage dans la région quelques jours après, avait voulu leur rendre visite mais lorsqu'il était arrivé chez eux, on lui avait appris la terrible nouvelle. Il n'avait pu qu'aller se recueillir sur leur sépulture dont un moine s'était occupé. Oncle Martin suppose que ce dernier était celui qui leur avait donné le Bouddha Rieur. Cam était alors retourné à leur maison, rassembler les affaires qu'il avait pu retrouver et les avait rangées dans la fameuse malle pour remettre par la suite ces reliques aux deux frères. Il était également passé à l'hôpital où il avait appris qu'Abel était mort sur le coup et qu'Emma avait survécu pendant quelques jours avant de succomber à ses blessures...

Son père ne lui avait pas beaucoup parlé de cela, ne souhaitant pas revenir sur cette époque qui lui avait laissé de douloureux souvenirs alors qu'il avait gardé en mémoire une enfance plutôt heureuse, un peu à l'écart de ces problèmes, à la campagne au nord de Saigon, où la famille était appréciée des villageois car Abel et Emma étaient animés d'un respect des coutumes et des habitants de ce pays qu'ils aimaient peut-être plus que leur terre natale...

Dans son insomnie, Yann songe également au Bouddha Rieur. En recoupant les informations, il constate que beaucoup d'éléments semblent se rejoindre, l'amenant à l'hypothèse suivante : le moine Liêm serait le moine sculpteur qui aurait donné le Bouddha Rieur à son grand père, puis la statuette aurait disparu pour une raison inconnue et se serait retrouvée entre les mains du même moine plusieurs décennies plus tard, moine qui l'aurait donc « restituée » à Yann, descendant d'Abel.

« C'est un peu tiré par les cheveux mais, après tout, il n'y a pas de quoi en faire toute une histoire, il ne s'agit que d'une statuette... Bon, Je vais appeler Luru Ly, si déjà j'arrive pas à dormir », se dit-il en regardant la montre.

Après sa petite conversation avec la jeune femme étonnée de recevoir son appel si tôt, Yann consulte la liste des appels en son absence. Il y trouve le numéro du cabinet de son médecin qui a tenté de le joindre à deux reprises et un numéro qui ne lui évoque rien, ces deux correspondants ayant laissé un message. Il appelle alors sa boite vocale et apprend que, des nouveaux messages, le plus ancien – correspondant finalement au numéro du laboratoire auquel il s'était adressé – lui indique qu'une erreur a été commise dans le cadre de ses analyses et lui enjoint de contacter son médecin traitant au plus vite. L'autre, formulé par la voix de la secrétaire médicale, lui demande également de rappeler d'urgence. « Ben, qu'est-ce qu'ils ont à me courir après comme ça ? Ils ont peur que je tarde à me soigner ? Ou bien c'est encore pire que prévu ? » se demande Yann. Cette perspective fait monter son inquiétude d'un cran ; il contacte donc son médecin dès l'ouverture du cabinet.

La secrétaire décroche :

– Consultations du docteur Fexieux, bonjour !

– Bonjour. Yann Demay...

– Ah, monsieur Demay ! On a essayé de vous joindre à plusieurs reprises !...

– J'ai vu, mais j'étais en voyage...

– Je vous passe le docteur, un instant !...

Le temps d'une pause musicale, Yann s'étonne de la soudaine promptitude avec laquelle on le met en relation avec le praticien.

– Monsieur Demay ?

– Oui...

– Bonjour ! Je suis content de vous entendre ; vous allez bien ?

– Ben, comme vous le savez... laisse tomber Yann un brin déconcerté.

– Oui, bien sûr ; mais il y a du changement, avez-vous eu le message du labo ?

– Il paraît que je dois vous contacter...

– Bon. Bien. Alors, pouvez-vous passer au cabinet ?

– Quand ?

– Dès que vous voulez, je suis prêt à vous recevoir dès maintenant !

– Ben, d'ici une quinzaine de minutes...

– Parfait ! Alors, à tout de suite !

– À tout de suite... Mais...

– Et ne vous inquiétez surtout pas, j'ai de bonnes nouvelles !

Yann raccroche.

– Qu'est-ce que c'est que cette histoire ? Pourquoi il me dit rien au téléphone ? se demande le jeune homme à haute voix.

Un quart d'heure plus tard, il arrive au cabinet où la secrétaire le fait attendre dans le hall d'entrée afin que le médecin le voie entre deux patients. Au bout de cinq minutes, celui-ci sort et raccompagne quelqu'un. Il accueille Yann avec un grand sourire en lui serrant la main et lui fait signe d'entrer dans son bureau.

– Asseyez-vous... Voilà : j'ai préféré pouvoir vous dire les choses de vive voix, à la fois par correction mais aussi en raison des réactions que la nouvelle pourrait provoquer.

Yann écoute, interloqué, sans mot dire.

Le docteur reprend en ménageant quelques pauses afin de vérifier que Yann comprenne la portée de ses explications et de guetter leur effet :

– Les analyses que le laboratoire nous avait communiquées ne sont pas les vôtres, elle concerne un homonyme... Ils s'en sont rendus compte quelques jours après, lorsqu'ils ont eu une demande de complément d'analyses pour une certaine madame Yannick Demay... Vous avez quelqu'un de la famille de ce nom ?

– Non...

– Bien. C'est en fait une dame qui est décédée, il y a une dizaine de jours, d'un infarctus... Bref. Le nom imprimé sur les étiquettes apposées sur ses prélèvements était tronqué en « Demay Yann », vous saisissez ?...

– Euh, oui...

– Voilà l'origine de l'erreur qui a conduit à vous attribuer un état de santé qui n'était pas le vôtre...

– Et ?...

Le médecin regarde Yann d'un air serein en arborant un grand sourire :

– Vous n'êtes pas malade.

Yann reste bouche bée.

– Ça va ? s'enquiert le médecin.

– Euh... Oui... Mais... Vous êtes en train de me dire que je n'ai pas de cancer !?

– Exactement.

– Ah !?

Yann reste muet, sidéré par la nouvelle. Le médecin l'observe.

– Vous êtes bien sûr ? reprend Yann.

– Absolument... D'ailleurs, je dois avouer que je me suis moi-même laissé abuser car, dans la liste des résultats, il était fait mention d'un taux d'oestrogènes que je n'avais pas remarqué... et les hommes n'en ont pas !... Cela dit, vous pouvez prendre contact avec le labo, le directeur est prêt à vous recevoir, se hâte de proposer le docteur.

– Oui... Bon, je vais voir... Je n'ai pas encore tout à fait réalisé... Je dois dire que je suis évidemment heureux de cette nouvelle mais je suis aussi... comment dire... fortement contrarié par le fait qu'on m'ait laissé croire pendant plusieurs jours que j'étais atteint d'une maladie grave !

– Je vous comprends totalement... En tous cas, j'espère que cela ne vous a pas causé de conséquences graves dans votre vie...

– Ça aurait pu mal finir... !

– Alors maintenant, il faut que vous repreniez le mors aux dents pour repartir de plus belle. Avez-vous des projets ?

Les idées s'entrechoquent encore dans l'esprit de Yann. Après un instant de silence, il répond finalement :

– Oui ! Un mariage !

– Bravo ! D'avance, je vous félicite et vous adresse tout mes voeux de bonheur ! s'exclame le docteur Fexieux, visiblement soulagé, en se levant pour raccompagner Yann. Et s'il y a quoi que ce soit, n'hésitez surtout pas à m'appeler, je vous prendrai en priorité ! termine-t-il en serrant la main du jeune homme pour prendre congé.

Assis dans sa voiture garée devant la maison du médecin, Yann appelle son oncle.
– Oncle Martin !
– Oui...
– Tu es à la maison ?
– Oui.
– J'arrive !

Martin, soucieux depuis l'appel de son neveu, s'empresse d'ouvrir la porte dès le premier coup de sonnette.
– Yann ! Qu'est-ce qui t'arrive, mon gars ? demande-t-il en faisant entrer le jeune homme.
– Je repars au Viêt Nam, tonton !
– Mais enfin, Yann ! Tu vas pas recommencer !
– Si ! Si, si et re-si ! s'exclame Yann... Oncle Martin, je ne suis pas malade !
– J'ai l'impression un peu quand même ! fait Martin en se tapotant le front.
– Je sors de chez le toubib... C'était une erreur ; je suis en pleine forme !
Oncle Martin se laisse tomber sur un pouf, abasourdi :
– Mais c'est dingue ! Mais c'est génial ! Mais c'est sûr ?

– Mais oui !

– Mais alors tu vas appeler ta Luu Ly pour lui dire !

– Mais oui !

Yann hésite, réfléchit un instant, puis rectifie :

–   Mais non !

Yann nettoie son appartement de fond en comble tandis qu'oncle Martin commence à ranger les affaires du jeune homme dans des cartons. Il avait déjà songé à cela auparavant, lorsqu'il s'était projeté dans l'éventualité de sa guérison ; cela s'est simplement passé plus rapidement qu'espéré. Il a donc proposé son logement à la location sur Internet et, cinq jours plus tard, il a trouvé un candidat, un travailleur frontalier fraîchement séparé ayant un urgent besoin de se loger et présentant toutes les garanties de solvabilité. Loué en meublé, la solution arrange l'intéressé autant que lui, qui pourra le récupérer assez rapidement pour son usage personnel en cas de nécessité. Le loyer assurera le paiement des dernières échéances du prêt et oncle Martin, qui met un coin de sa cave à disposition pour entreposer ses affaires, gèrera la situation en son absence.

Car dans deux jours, Yann reprend l'avion pour Saigon. Le billet, un peu cher, a été financé grâce à une contribution du laboratoire dont le patron a préféré verser un dédommagement à l'amiable en raison du préjudice moral subi par Yann.

À la fin de l'après-midi, les cartons s'entassent dans le séjour. Il règne une atmosphère de déménagement ; les murs nus et les meubles vides font résonner les conversations ; les odeurs parfumées des produits de nettoyage et les vitres lumineuses encadrées de leurs rideaux tirés jettent une nouvelle fraîcheur sur l'appartement. Dans la chambre, la valise et le sac à dos attendent grand ouvert les effets et objets divers que Yann emportera. Le journal de pépé Abel – que Martin à extrait de sa malle pour le donner à son neveu – voyagera dans le sac, en cabine, car Yann voudrait le lire pour occuper les longues heures de vol. Le collier de Luru Ly, il l'a glissé dans la poche intérieure de sa veste, près de son coeur.

Demain, ils transporteront tout chez oncle Martin, la journée d'aujourd'hui a déjà bien été remplie. Ce soir, Yann l'invite à son tour pour le dîner. Ils iront se « remplir la panse » – comme dit Martin – dans un restaurant asiatique offrant la formule « buffet à volonté ». Pour le lendemain, l'oncle se propose de passer aux fourneaux en préparant un boeuf bourguignon qui leur suffira à couvrir les deux repas, accompagné de la bouteille de Côtes de Beaune qu'il a conservée jusqu'à ce qu'une bonne occasion se présente pour l'ouvrir.

Chapitre VII

Le journal d'Abel

Yann a échangé son siège près du hublot contre celui d'un garçonnet voyageant avec ses parents et s'est installé en bordure du couloir dans la rangée centrale. Après le décollage, il récupère son sac pour en sortir le journal de son grand-père.

C'est un cahier d'un format proche du 15 x 21 actuel avec une couverture rigide, rembordée, de couleur verte tachetée de noir qui rappelle ces cartons à dessin que l'on trouve encore aujourd'hui. Les pages intérieures comportent des lignes simples servant à guider l'écriture manuscrite ; leur couleur crème terne, maculée par endroits de taches d'humidité, témoigne de l'ancienneté du document.

Yann feuillette brièvement le cahier avant de se mettre à lire. Le grand-père a utilisé tantôt le crayon, tantôt la plume de métal. Ici ou là une tache d'encre venant contrarier l'écriture soignée s'est fait absorber d'un coup de buvard. Certaines feuilles manquent, soigneusement détachées le long d'un pli. « Pépé Abel a-t-il voulu supprimer des passages inintéressants ? Ou plutôt des pages trop 'mouchetées' ? » se demande Yann en revenant au début pour commencer la lecture.

Le 7 mars 1947

C'est avec la naissance de notre petit Martin, il y a une semaine, que m'est venue l'envie d'écrire ce journal. Peut-être, le fait de devenir père me fait mûrir et voir les choses différemment. Le sentiment que je partage avec Emma de fonder une famille m'incite à laisser un témoignage de notre vie qui intéressera peut-être notre descendance...

Je ne pense pas écrire chaque jour ; je le ferai selon les événements et lorsque je pourrai en prendre le temps ; peut-être même qu'il s'écoulera plusieurs années entre cette première page et la dernière du cahier. Quoi qu'il en soit, j'espère que ces bribes de notre vie éclaireront les enfants de nos enfants et les suivants sur leurs origines...

Je m'appelle Abel Demay, j'ai vingt ans. Je suis né en France et suis arrivé en Indochine avec mes parents à l'âge de trois ans. Mon père, Armand, gère une exploitation d'hévéas pour le compte d'un homme d'affaires, monsieur Zoer, resté (retourné, devrais-je dire) dans sa Flandre natale.

Monsieur et madame Zoer sont arrivés avec Emma, leur fille, il y a deux ans, pour s'occuper d'une deuxième exploitation qu'ils venaient d'acquérir plus au nord. Auparavant, ils sont restés parmi nous, le temps de s'adapter au pays et d'apprendre les rudiments de la pratique sur place, leurs maîtres d'apprentissage étant mes parents.

Je dois avouer que cette période m'a permis de faire connaissance avec Emma, d'un an ma cadette, et recevant une éducation assez stricte. Mais la jeune fille ayant des velléités à l'émancipation, il ne m'a pas été difficile de la dévergonder, d'autant que ses parents, aux prises avec leur adaptation au climat et à leur nouveau mode de vie, ont rapidement lâché la bride. Et, au printemps de l'année passée, est arrivé l'inévitable : Emma est tombée enceinte. Nous nous sommes faits vertement réprimander et sermonner mais monsieur Zoer, à la fois satisfait du travail de mon père (que je commençais à seconder) et en fréquent conflit avec son entêtée de fille en raison de ses idées libertaires (auxquelles j'adhérais), s'était dit que « le mal étant fait », autant marier les deux rebelles, l'union des deux familles présentant par ailleurs aussi des avantages pratiques. En effet, ma belle-mère, n'arrivant décidément pas à s'adapter à ce climat, avait fini par persuader son mari de rentrer au pays.

Voilà pourquoi mes parents sont partis gérer la nouvelle exploitation tandis que je reste ici, à Biên Hòa, avec Emma et Martin, prenant leur relais.

Le 23 mars 1947.

En France, c'est le printemps. Ici. c'est la fin de la période creuse pour le caoutchouc. Des gens arrivent pour chercher du travail ; on voit de plus en plus de Tonkinois descendre vers le sud en pensant que la vie y est plus facile. Mais, après les Japonais, ce sont les velléités indépendantistes du Việt Minh qui se font sentir. Je comprends ce peuple qui aspire à l'indépendance mais je crains que les prochains temps ne soient de plus en plus difficiles à vivre pour tout le monde ; entre les intérêts de certains Français qui influencent la politique, et l'action des communistes indochinois... Ce n'est pas en remettant Bảo Đại sur le trône, comme le dit la rumeur, que les choses iront mieux, car les Indochinois ne sont pas des benêts. À force de les considérer comme tels, certains feront tout perdre à tout le monde...

Le 8 mai 1947

Je n'ai pas beaucoup le temps d'écrire. Mon père parti dans la province de Dông Nai, je dois me débrouiller tout seul ici. Mais je suis ses principes et cela semble plutôt bien marcher, nous n'avons pas à faire face aux grèves où aux révoltes des ouvriers. Malgré les protestation de monsieur Zoer par télégrammes interposés, qui se plaint de la rentabilité moindre (il veut surtout parler de ses bénéfices), les ouvriers sont payés une demi piastre par jour et reçoivent leur kilo de riz, sans exception. Bien sûr, il s'en trouve inévitablement qui profitent de la situation, mais cela représente peu par rapport à ce que j'observe de la part de certains contremaîtres français dans des exploitations voisines.

Le 28 février 1948

L'année est passée si vite, je ne savais plus où donner de la tête, j'en ai même oublié mon journal. Mais je pense avoir réussi mes « classes » ; le bilan est positif.
Mes parents sont venus pour le premier anniversaire de Martin qui trotte déjà bien.

Le 1er mai 1948

J'ai embauché un ouvrier dont le fils Cam a le même âge que Martin. Ils viennent de la région de Dalat. Ils étaient au service d'un commerçant français qui les traitait mal. La maman de Cam est malade. Je leur ai trouvé une petite maison non loin de chez nous. Emma a fait venir le docteur Blut. Il s'agit de la fièvre qui fait saigner. Il lui a donné un traitement. Si elle survit au-delà de cinq jours, elle sera guérie.

Le 6 mai 1948

Emma et moi, accompagnés de Martin, avons rendu visite aux Lê, la famille du petit Cam. La maman est guérie, ce qui a réjoui Emma. Les deux bambins semblent avoir sympathisé.

Le 14 juillet 1948

C'est la fête nationale. Nous sommes invités par les autorités de Saigon à la fête qui sera donnée en ville. Je n'y vais pas de gaieté de cœur mais cela nous changera les idées et nous glanerons peut-être quelques nouvelles politiques ou économiques intéressantes. Et je ferai danser Emma !

Le 15 juillet 1948

Les combats s'intensifient et la chasse aux membres du Việt Minh bat son plein, ai-je entendu. Certains n'hésitent pas à faire terroriser des villageois par l'armée pour les dissuader de rejoindre le mouvement et, en arrière plan, pour les rendre plus dépendants de leur employeur qui peut les « protéger ».
France, as-tu déjà oublié Jean Moulin ?

Le 15 août 1948

Emma, pourtant déjà bien occupée, a décidé de se transformer en institutrice. Elle veut enseigner le Français et le calcul aux enfants des ouvriers.

Le 26 décembre 1948

Nous avons fêté Noël en présence de mes parents ainsi que de monsieur et madame Zoer qui ont fait

*le voyage pour visiter leur petit-fils et leurs
sources de revenus. Ils sont repartis satisfaits mais
inquiets pour l'avenir, notamment en raison de la
situation sociopolitique, tout en admettant
finalement que notre façon de faire « peu
rentable » serait peut-être plus pérenne.*

Le 28 février 1949

*Martin a 2 ans. Il a de plus en plus la bougeotte
sur ses petites jambes et il nous faut constamment
le surveiller.*

*Il joue souvent avec Cam dont le père est passé
contremaître tandis qu'Emma dispense ses cours
dans une ancienne écurie nettoyée et aménagée à
cet effet par les villageois. Des enfants auxquels se
sont joints quelques adultes y assistent assidûment.*

*Une famille originaire de Nha Trang s'est
installée près de chez nous. Le père travaille
maintenant dans la plantation pour une saison,
après quoi il a prévu de descendre vers Saigon
pour reprendre son métier dans l'orfèvrerie. Son
fils, Quang, vient également suivre les cours à
l'école d'Emma.*

Le 6 juin 1948

*Quang est arrivé en courant à la maison, ce
matin. Des militaires sont venus chez ses parents.
J'ai pris un cheval, le garçon derrière moi, et ai
galopé jusqu'à leur maison.*

*Les militaires y étaient encore, menaçant de
frapper ses parents.*

Je suis entré comme une furie dans la maison en criant « halte ! » Ils m'ont regardé, étonné que je prenne la défense de ces « coolies ». Ils m'ont dit avoir eu des renseignements selon lesquels ces gens seraient partisans du Việt Minh. Je les ai assurés que non, qu'ils étaient de bons éléments dont j'avais besoin et que si j'employais des résistants j'aurai des problèmes tout le temps, ce qui n'est pas le cas. Ils sont partis en me disant : « Méfiez-vous quand même ! – De qui ? Des Indochinois ou des Français? » me suis-je dit.

– Que désirez-vous comme boisson, monsieur ? demande l'hôtesse qui vient d'arrêter son chariot à côté de Yann.

– Une bière, s'il vous plait, choisit-il en abaissant la tablette.

Quelques rangs plus loin, ce sont les plateaux-repas que l'on distribue.

Après le déjeuner, il reprend la lecture du journal d'Abel. Les années défilent avec leurs témoignages d'un quotidien de plus en plus émaillé de conflits, notamment dans les campagnes.

Le 14 janvier 1954

Notre deuxième enfant est né. C'est un garçon de bon poids. Nous l'avons appelé Didier. Martin s'est empressé d'appeler Cam pour venir le voir dans son couffin à travers la moustiquaire et sous l'œil attentif d'Emma.

Le 25 janvier 1954

Aujourd'hui, je suis allé à Saigon pour chercher une pièce mécanique. En même temps, j'avais dans l'idée d'acheter un bijou pour Emma.

Je suis entré dans une bijouterie au hasard et quelle n'a pas été ma surprise de retrouver la famille Ngô ! Je ne les avais plus revus depuis six ans. Quang a tant grandi ! Du haut de ses 14 ans, il aide déjà ses parents au magasin. Et il n'est plus fils unique : ses parents lui ont donné, il y a cinq ans déjà, une mignonne petite soeur nommée Ngọc.

Ils m'ont servi un thé au lotus dans l'arrière-boutique où trône un magnifique éléphant de bois. Quel ne fut pas mon étonnement en apprenant que c'était leur fils qui l'avait réalisé ! « Il a le sens artistique et il est doué de ses mains ; peut-être deviendra-t-il sculpteur, décorateur, artisan ébéniste », ai-je suggéré. Ils m'ont ensuite discrètement proposé divers bijoux à prix d'ami. Après de longues hésitations, j'ai choisi un médaillon gravé en relief du signe d'Emma ; ils m'ont offert la chaînette pour l'y enfiler.

Le 10 mai 1954

Nous avons appris la victoire du Việt Minh à Điên Biên Phủ. Des Français commencent à rentrer en métropole. Des Vietnamiens du nord descendent toujours vers le sud, cette fois, par peur du régime communiste. Emma et moi avons décidé de rester. Notre vie est ici. Je continue mon

travail pour le compte de mon beau-père, Emma
poursuit l'activité de son école de plus en plus
remplie d'élèves.

14 Juillet 1954

Pas de célébration. Avec les accords de Genève,
l'Indochine française n'est plus.
Le nord appartient maintenant aux Viêtnamiens,
grâce à Hồ Chì Minh. Pour que le sud leur
appartienne, il faudra qu'il passe à son tour dans
le giron communiste. De sombres jours nous
attendent encore…

Yann interrompt un instant sa lecture, le temps qu'on le débarrasse du plateau. Il en profite pour demander une autre tasse de café. Il se frotte les yeux et baille. La nuit dernière, il n'a pas beaucoup dormi, l'excitation de bientôt revoir Luru Ly et la façon dont il allait s'y prendre ont maintenu son esprit en ébullition jusqu'après minuit ; de plus, il a dû se lever de bonheur, ce matin, pour attraper le vol Mulhouse-Paris.

À la longue, le fait de rester assis, avec de surcroît le ventre plein, lui donne un coup de pompe qui l'incite à faire une petite sieste ; cela l'aidera en outre à passer le temps plus vite. Après avoir refermé le cahier, il le pose sur ses cuisses et abaisse le dossier pour un peu plus de confort. Il ne parvient cependant qu'à somnoler pendant une demi-heure et, en désespoir de cause, se rassied droit pour reprendre la lecture, parcourant un peu plus rapidement les passages qui traitent d'évènements politiques ou économiques, préférant s'attarder sur les témoignages de rencontres et d'histoires familiales.

Le 15 janvier1955

Première bougie pour Didier. Le pâtissier de Saigon est parti. Emma a confectionné un excellent gâteau au tapioca. Didier a voulu croquer dedans avant d'avoir soufflé la bougie, ce qui a fait rire tout le monde.

Nous avons eu la visite surprise des Ngô. Quang parle bien le français ; fort des leçons d'Emma apprises lors de leur année à l'exploitation, il a continué d'étudier la langue en récupérant ici et là des livres laissés par les Français. Il nous a fait part de son intention de devenir bonze, ce qui semble assez paradoxal par rapport au métier de ses parents !...

Le 15 mai 1957

Depuis la chute de Bảo Đại, la chasse aux sorcières s'intensifie. Combien de fois suis-je intervenu pour défendre un ouvrier, une famille, soupçonnés de liens avec le Việt Minh, d'être des Việt Cộng...

Mon intégration au pays, ma position de dirigeant d'entreprise et mon statut d' « occidental catholique » m'y aident ; mais combien de temps cela durera-t-il encore ? Mon « statut » pourrait un jour se retourner contre moi et ma « position » changer... Dans son dernier courrier, M. Zoer, mon beau-père, nous a fait savoir qu'il envisageait de vendre ses exploitations d'hévéa avant de se les faire confisquer par les communistes qui, selon lui, allaient « prendre » le sud tôt ou tard, et nous enjoint de rentrer en France.

Le 14 janvier 1958

Didier a 4 ans. Ses grands yeux bleus presque verts qu'il tient de sa mère sont curieux de tout et il n'a pas cessé de regarder la statuette. En effet, ce même jour, Quang est passé nous rendre visite. Nous avons eu peine à le reconnaître avec son crâne rasé et sa toge !

Il nous a apporté un magnifique Bouddha Rieur, sculpté par ses soins, dont il a voulu nous faire cadeau.

J'ai néanmoins insisté pour faire un don à la pagode où il vit actuellement.

Le 21 janvier 1958

Ce soir, en rentrant de la plantation, j'ai trouvé le Bouddha Rieur sans sa corne d'abondance. Je soupçonne fortement les enfants. Étant donné l'endroit où il se trouve, ce doit être l'aîné. Mais Cam était là aussi, aujourd'hui. Ils ont dû le prendre en main alors que je le leur avais interdit. La pièce cassée a dû rouler sous un meuble... Ce n'est pas grave, je ne les réprimanderai pas, ils sont déjà assez tristes de ne plus pouvoir aller à l'école du village qui a été fermée au motif que « c'est un nid de Việt Cộng ». Emma dispensera dorénavant l'instruction comme elle le peut, en s'aidant des livres d'école qu'elle a pu récupérer.

Yann pose le cahier ouvert sur ses genoux et jette un coup d'œil circulaire dans la cabine pour se détendre les yeux.

« Voilà qui confirme les dires d'oncle Martin, constate-t-il ; par ailleurs, il semblerait que le fameux moine sculpteur soit Quang ; c'est d'autant plus probable que la période correspond à ce qu'avait indiqué le moine de Tà Cú », conclut-il encore avant de s'interroger : « Mais d'où vient le Bouddha Rieur que m'a donné le moine Liêm et, surtout, pour quelle raison il me l'a donné ? Ça reste un mystère... »

Le 1er mai 1961

Mes parents sont venus passer quelques jours chez nous avant de partir pour Saigon. Ils vont rentrer en France, mon beau-père ayant fini par vendre l'exploitation dont ils s'occupaient. Ils ont essayé de nous convaincre, Emma et moi, d'en faire autant, mais en vain. Est-ce notre esprit « rebelle » ou l'attachement à ce pays qui nous retient ? Les deux, certainement. Mais je dois avouer que, si la situation devenait trop dangereuse pour notre famille, nous n'aurions de meilleure alternative que de partir. En ce qui me concerne, je ne pourrai pas parler de « rentrer » puisque je suis en Indochine depuis l'âge de 3 ans. C'est ici, mon « chez-moi »...

Le 28 août 1961

Déjà 15 ans qu'Emma et moi sommes mariés. Je n'ai jamais regretté de l'avoir épousée. Elle est intelligente, une mère dévouée, et j'admire son courage et sa persévérance dans l'adversité. Comme moi, elle aime ce pays au point de vouloir y finir ses jours. Mais, comme moi, plus le temps passe, plus elle préférerait savoir les enfants en sécurité en France...

Hier, je suis retourné à la boutique des Ngô, à Saigon, pour acheter une broche avec un tigre et un dragon en nacre, nos signes, que j'ai fait réaliser tout exprès. Ce soir, autour d'un petit repas de fête, je le lui ai offert... et j'ai eu, à mon tour, la surprise de recevoir une chemise brodée à nos initiales de sa main.

Le 14 janvier 1962

Didier a déjà 8 ans !

Comme quatre années auparavant, la date de son anniversaire coïncide avec la visite de Quang. C'est un jeune homme souriant mais amaigri que nous avons vu apparaître sous les palmiers au bout du chemin, en fin de matinée. Sans qu'il n'ait besoin d'en parler, nous comprenons son état de santé : la vie des bonzes est actuellement difficile, des persécutions et pressions s'exerçant sur les religieux. Il nous a raconté qu'il partait pour la région du Bình Thuận, au mont Tà Cú où l'on devait rénover une pagode. Auparavant, il m'a demandé s'il pouvait rester chez nous deux jours et m'emprunter le Bouddha Rieur ainsi que le médaillon d'Emma. Nous l'avons évidemment accueilli sans hésiter et fait préparer une chambre malgré ses protestations : un hamac entre deux arbres lui suffisait !

Le 16 janvier 1962

Pendant ces deux jours, j'ai vu Quang affairé avec la sculpture de bois, à jouer du ciseau du matin au soir.

Cet après-midi, avant de prendre la route, il m'a rendu le médaillon et la statuette avec une nouvelle corne d'abondance, qu'il a originalement figurée au moyen d'un coquillage. Il m'a également révélé lui avoir donné une fonction particulière. Il existe maintenant, au cœur du Bouddha Rieur, un logement conique. « C'est une cachette. On ne sait jamais... Dans l'avenir... » m'a simplement fait comprendre Quang. Pour y accéder, on procède ainsi :

La page suivante est arrachée. Son grand-père a-t-il voulu tenir ceci secret ? C'est très probable. « Espérons que ce ne soit pas quelqu'un d'autre qui ait subtilisé l'information », se dit Yann.

Le 1er avril 1963

Il y a de plus en plus d'Américains en ville. Avec Kennedy dans le rôle d'Eisenhower et Diệm dans celui de Churchill, ils s'en prennent au De Gaulle Local, Hồ Chì Minh, qui, avec les résistants, cherche à chasser l'occupant. L'Indochine, c'est un autre monde mais actuellement, c'est le monde à l'envers.

Le 25 avril 1964

La campagne n'est plus sûre, même si nous avons relativement été épargnés jusqu'ici. J'ai télégraphié à mon beau-père pour l'informer que nous souhaitions quitter Biên Hòa au plus tôt et rejoindre Saigon dès qu'il aura vendu l'exploitation.

Il nous a répondu dans la journée qu'il allait prendre contact avec M. Hoàng pour qu'il vienne assurer l'intérim jusqu'à ce que l'exploitation soit vendue.

M. Hoàng et sa famille sont originaires de Hải Phòng et avaient déjà assuré la transition avec le nouveau propriétaire pour l'exploitation que gérait mon père.

Le 30 avril 1964

Tout est allé très vite. Aujourd'hui, soit cinq jours après mon télégramme, nous avons vu arriver deux cyclos, l'un transportant M. Hoàng et sa famille, l'autre leurs bagages.

Nous leur avons fait faire le tour du propriétaire puis nous avons déjeuné. Ensuite, tandis que je mettais mon remplaçant au courant de la situation,

Emma faisait visiter la maison à madame Hoàng ;
quant à Didier et leur fils Cường, ils sont allés voir
les chevaux. L'après-midi, Martin et Cam sont
partis se promener au village en compagnie de
deux jeunes filles. Le temps des adieux arrive...
Dans 3 jours, nous partons vivre à Saigon où nous
avons acheté une petite maison, non loin de la
poste centrale.

Le 5 mai 1964

Par le passé, Je suis venu plusieurs fois à Saigon
mais, cette fois, je ne rentrai plus à Biên Hòa.
La ville a changé plus que je ne le pensais et je
m'en aperçois maintenant que j'en fais le tour.
Auparavant, je me rendais toujours aux mêmes
endroits : au port et à la poste, essentiellement.
De nombreux scooters prennent le pas sur les
bicyclettes, les automobiles de marques françaises
circulent toujours mais on croise des marques
américaines, surtout des véhicules militaires.
Certains quartiers comme Chợ Lớn sont
partiellement détruits en raison des combats et des
attentats.

Le 9 mai 1964

Notre vie va beaucoup changer. Aux vastes
étendues bordées de palmiers et aux cultures
d'hévéa que l'on pouvait admirer du seuil de notre
maison où l'on conversait sur la terrasse des
soirées entières, succède le fracas de la ville

surpeuplée, animée et illuminée, dont l'air lourd semble s'affranchir de la moindre brise.

Mon travail aussi a bien changé. Fort heureusement, je n'ai pas eu à en chercher. Mon beau-père, ayant craint de perdre ses exploitations tôt ou tard en raison de la conjoncture, s'est reconverti dans l'import-export, ce qui m'a valu d'être nommé « responsable des expéditions », poste que j'exerce dans un petit bureau aménagé au port, avec un poste téléphonique moderne (en bakélite noire avec son cadran rotatif) et une machine à écrire à laquelle je vais rapidement devoir habituer mes deux index !

Emma enseigne maintenant quelques heures de français à l'école Marie Curie et va deux fois par semaine au dispensaire de la croix rouge pour aider à soigner les blessés. Elle se rend ainsi utile tout en étant en bonne place pour glaner des nouvelles.

Le 1er Avril 1965

C'est reparti comme en 40 ! Les troupes américaines ont débarqué sur les plages de Đà Nẵng. Cette fois, cependant, je n'ai pas la même opinion qu'eux sur le bien fondé de leur action. Il vont en tous cas pouvoir s'en donner à cœur joie pour tester leur armement au sol.

Le 4 juillet 1965

Quatre mois déjà que les bombardiers sèment la terreur sur le pays. Et le gouvernement du Sud qui ne se stabilise pas... Si cela continue ainsi, c'est le chaos qui l'emportera. Si seulement nous, les Français, avions compris qu'il valait mieux travailler avec le peuple vietnamien plutôt que de l'opprimer, tout ce gâchis aurait pu être évité.

Le 10 juin 1966

En regardant le Bouddha Rieur (il semble être le seul capable de rire ces temps-ci) que j'ai posé sur une étagère dans la grande pièce, je pense quelques fois à Quang. Les bonzes étant, ces temps-ci en particulier, malmenés, aux prises avec l'anticléricalisme des communistes et la méfiance du gouvernement, je me demande comment il se porte, s'il réside toujours au mont Tà Cú...

Martin, avec l'énergie de ses dix-huit ans, me donne un coup de main au port mais je sens bien que son esprit est ailleurs. Depuis qu'il est tout petit, ce garçon a la bougeotte. Il n'a pas encore connu la France qui pourtant est sa patrie mais en a entendu parler en famille et à l'école et il a maintes fois fait part de son souhait d'y aller. Je me rends compte que s'il fallait aller vivre là-bas, nous serions assez perdus. Le climat, le mode de vie, tout est si différent d'ici. Le seul atout que nous aurions est de connaître la langue. Après Emma qui y a vécu toute son enfance et son adolescence, je pense que c'est Martin qui s'adapterait le plus facilement. Il n'est pas difficile et a rapidement fait sien notre nouveau mode de vie en ville.

Didier, lui, révèle un intérêt pour le travail du bois. Il aime passer de longs moments à observer un artisan qui fabrique des meubles non loin de chez nous et celui-ci l'invite quelques fois à mettre la main à la pâte en lui enseignant quelques rudiments du métier. Cependant, Emma m'a fait remarquer qu'il manifeste également un goût pour le commerce, à l'observer lors de « négociations » avec ses camarades dans le cadre d'échanges de jouets par exemple ; ce trait de caractère réjouit d'ailleurs son grand-père maternel qui voit déjà en lui la « relève ».

Ses grands-parents avaient vu juste, constate Yann, en repensant à son père qui effectivement a travaillé dans l'import-export de meubles. Grâce à sa connaissance du Viêt Nam et de sa langue, on lui avait proposé d'occuper pour trois ans un poste à Saigon ; ces années où Yann lui-même s'était familiarisé avec le pays d'origine de sa mère et en était tombé sous le charme... avant de succomber plus récemment à celui de Luu Ly, admet-il avec le sourire.

Au fil des pages, il apparaît à l'esprit de Yann, que son attrait pour le Viêt Nam, il le tient certainement de ses grands parents et que le peu d'enthousiasme à en parler manifesté par son père devait être lié à son enfance. En effet, si son grand-père Abel est pratiquement né dans ce pays et y a vécu au moins ses vingt-cinq premières années dans de bonnes conditions, son père, en revanche, n'a essentiellement connu que les périodes de troubles importants, comme d'ailleurs sa mère qui a fui avec les boat people devant l'arrivée du communisme.

Dans son portefeuille, Yann conserve une photo de ses parents prise dans les Vosges et datant de son année de naissance ; sa mère avait alors le même âge que Luu Ly aujourd'hui. Ils se tiennent par la taille, le visage souriant sur fond de plaine d'Alsace. En les regardant aujourd'hui, Yann trouve une certaine ressemblance avec ce jeune couple photographié sur le mont Tà Cú, le mois dernier...

« Décidément, tout me ramène à Luu Ly » se dit Yann. Il ferme le cahier et le range ; il reprendra la lecture plus tard.

Le personnel de bord est passé « faire la nuit » pour préparer le décalage horaire. Yann laisse aller ses pensées, cherchant autant que possible un peu de sommeil. Il s'imagine déjà en train de retrouver celle qu'il aime...

Chapitre VIII

Surprises

Tandis qu'elle emballe les shorts qu'elle et sa mère viennent de confectionner pour le compte d'un revendeur, Luru Ly pense à Yann. Elle est un peu inquiète : ces derniers jours, il reste assez évasif sur son état de santé. Pourtant, à chaque fois qu'ils se parlent au téléphone, il lui semble déceler de la gaieté dans la voix de son amoureux. Elle ne peut pas croire que seul le plaisir de leur conversation en soit la raison et veut essayer d'en avoir le cœur net lors de son prochain appel. Elle se demande aussi si Yann va penser à autre chose... Aujourd'hui, c'est son anniversaire. Elle regarde sa montre : il est midi. Il devrait bientôt appeler... Quoique, ces derniers temps, il soit moins régulier dans ses horaires. Elle ne peut toutefois pas lui faire de reproches ; il est vrai que, depuis son retour en France, il a téléphoné chaque jour. Et chaque jour, c'est avec la même impatience qu'elle guette l'heure habituelle de son appel. Ils n'ont souvent rien de neuf à se dire, ils échangent alors quelques paroles de solitude, de réconfort, se murmurent des souvenirs intimes en écoutant la respiration de l'autre qui, dans un soupir, rapproche les deux bouts de la ligne.

Son travail fini, Lưu Ly range les gros sacs que Trường viendra chercher tout à l'heure. Elle prend un bol de riz qu'elle accompagne de viande de bœuf sautée au liseron d'eau, plat que sa mère a préparé avant de se rendre avec son père à l'hôpital pour une visite de contrôle, et va s'installer dans la grande pièce.

Tout en mangeant, elle écoute des chansons enregistrées sur son mobile, une sélection que Yann lui avait transférée durant leur trajet en car vers Saigon, avant qu'il ne s'envole pour la France.

Du pouce, elle fait défiler les titres. Elle se souvient de « One Love » par U2 qu'elle avait écouté à l'hôtel pendant que Yann se douchait et de « Mourir demain », le duo de Pascal Obispo et Natacha St Pier que l'appareil avait continuer de diffuser durant leurs effusions, comme un clin d'oeil à leur histoire.

Cette fois, elle effleure « Le jour s'est levé » mais c'est Quynh Anh qui se met à chanter !... La sonnerie de son portable !

– Yann ! s'exclame-t-elle à mi-voix.

Elle appuie sur la touche verte.

– Alô ?

– Bonjour Lưu Ly !

– Bonjour Yann.

– Ça va ?

– Oui...

– Tu es à la maison avec tes parents ?

– Je suis seule à la maison, mes parents sont à l'hôpital, pour la radio...

– Ah, oui ! C'est aujourd'hui...

– Yann ! Je veux te parler, coupe-t-elle.

– Moi aussi... Mais dis toi, d'abord.

– Comment tu vas ?

– Très bien !

– Yann, en ce moment tu dis toujours ça mais tu ne parles pas le médecin a dit quoi et comment ça passe à l'hôpital... !

– Je vais te le dire bientôt.

– Quand ?

– Très bientôt... Seulement, je voudrais te le dire en te regardant dans les yeux...

Luru Ly reste silencieuse, cherchant à comprendre ce que Yann sous-entend.

– Luru Ly ? Allô ?

– Oui... Je suis là... Mais c'est encore longtemps jusqu'à tu me vois, alors...

Yann l'interrompt :

– Luru Ly... Si un jour je t'appelles et je te dis : « Demain je prends l'avion pour venir au Viêt Nam et me marier avec toi », qu'est-ce que tu penseras ?

– Oh Yann ! Je serai heureuse, ce sera le plus beau cadeau...

– Ho, Luru Ly ! Je ne sais pas si je suis digne d'être un cadeau, je ne suis qu'un homme... dit Yann.

– Mais tu es l'homme que j'aime !

– Seulement...

– Quoi ?

– Si un jour je te dis ça, ce sera trop tard !...

– Pourquoi ? s'inquiète Luu Ly qui sent son estomac se nouer.

– Parce que c'est aujourd'hui le 14 mai et...

La communication est subitement interrompue.

– Alô ? Yann ? tente Luu Ly

Par réflexe, elle voudrait rappeler, mais elle préfère attendre une minute, au cas où lui essayerait de le faire.

– Luu Ly ơi !

Quelqu'un l'appelle de l'extérieur. Elle reste figée. Cette voix n'est pas celle de Trường...

– Luu Ly ơi ! insiste la voix.

Luu Ly se tourne, se lève et porte son regard vers l'entrée où la lumière éblouissante l'empêche de voir distinctement la personne... Mais, cette silhouette à contre-jour, avec une valise et un sac à ses pieds, Luu Ly la connaît !

– Yann ! crie-t-elle en se précipitant pour ouvrir la grille. Celle-ci, comme pour la taquiner, lui résiste.

– Cái chïa khóa, mà ! s'exclame-t-elle en faisant demi-tour pour récupérer la clé accrochée au mur.

Le portillon à peine ouvert, elle se précipite dans les bras de son amoureux qui, sans attendre, la soulève pour la porter à l'intérieur, loin des regards indiscrets, et lui appliquer un long baiser.

– Bon anniversaire, Luu Ly ! dit-il en la reposant.

– Yann ! Em... Em... commence la jeune femme sans parvenir à terminer sa phrase tant l'émotion l'étreint et les pensées se bousculent dans sa tête.

Yann la prend par les épaules et la regarde droit dans les yeux en souriant puis, d'une voix posée, annonce :

– Ma chérie, je suis en bonne santé ; la maladie s'est envolée ! Je suis venu te demander en mariage... Est-ce que tu es toujours d'accord ?

– Je... Je... Oui ! Oui , bien sûr ! répond la jeune femme bouleversée, ne pouvant plus retenir quelques larmes.

Du dos de la main elle essuie ses yeux et, reprenant son calme, l'expression se faisant sérieuse, presque soucieuse, elle demande avec une pointe d'incertitude dans la voix : Mais c'est vrai ? Tu es guéri ? C'est si vite ...!

– Ne t'inquiète plus, tout est vrai ! Je t'expliquerai ! la rassure-t-il en la serrant contre lui. Je suis là et je reste avec toi, maintenant ! continue Yann, d'une voix calme.

Ils demeurent un moment l'un contre l'autre, silencieux, goûtant cet instant de bonheur commun. Ils desserrent ensuite leur étreinte pour que Yann puisse rentrer ses bagages.

– Tu veux boire café ? demande Luru Ly, reprenant ses esprits.

– Non, merci. Mais du « trà đá » j'aimerais bien...

– Assieds-toi, je vais préparer.

Lorsque la jeune femme revient avec la grande cruche de thé glacé, elle trouve sur la table un paquet plat et rectangulaire.

– C'est quoi ?

– Un petit cadeau d'anniversaire.

– Mais j'ai déjà reçu ! Tu es là !

– J'avais encore ça…

Comme le veut la politesse vietnamienne, Luu Ly n'ouvre pas son paquet immédiatement ; elle s'assied en face de Yann et remplit deux verres de boisson fraîche.

Le jeune homme, qui a gardé son sac auprès de lui, y plonge la main pour en sortir un objet tenant dans la paume de la main, cubique, lui aussi emballé dans un papier rouge.

– Ça, c'est pas un cadeau d'anniversaire mais c'est quand même pour toi, dit Yann en tendant son présent à Luu Ly.

– Oh ! Yann ! Encore ? s'étonne la jeune femme en écarquillant les yeux. C'est quoi ? demande-t-elle, cette fois tenaillée par la curiosité.

– Vas-y, ouvre !

Sans se faire prier, Luu Ly ôte le ruban doré et déballe le paquet. Elle découvre une petite boite dont elle soulève le couvercle. Un anneau doré pourvu de deux coeurs entrelacés se détache sur le fond de satin noir.

– Oh ! Mais...

– C'est une bague de fiançailles, explique Yann en tendant la main.

Luu Ly lui remet l'écrin dont il détache le bijou pour l'enfiler au doigt de sa bien-aimée, muette de surprise. Il termine son geste en lui posant un baiser sur les lèvres.

– Voilà, comme ça, ma demande en mariage est officielle ! Il ne reste plus qu'à l'annoncer à tes parents.

Cette fois, c'est elle qui prend l'initiative de l'embrasser.

– Merci, Yann, dit-elle simplement, les yeux humides.

Une lueur de tristesse passe dans son regard.

– Ça ne te fait pas plaisir ? s'inquiète le jeune homme.

– Oh si ! Je ne reçois jamais encore un cadeau comme ça !... Mais aujourd'hui tu me fais beaucoup de cadeaux et tout va tellement vite et moi j'ai pas de cadeau pour toi et...

– Tu m'as déjà donné beaucoup, l'interrompt Yann : tu m'as donné le moral pour rentrer me soigner, tu m'as donné ta confiance et, surtout, tu m'as donné ton coeur... Et moi, si je suis là aujourd'hui, c'est parce que j'aime être avec toi ; ta présence est aussi un cadeau pour moi ! termine-t-il pour la rassurer.

Tout en admirant sa bague, Luru Ly lui demande :

– Mais tu arrives avec l'avion quand ?

– Hier, à Saigon. Je suis tout de suite passé prendre un billet de car pour Phan Thiết où je viens d'arriver, il y a une demi-heure.

– Mais tu dors où ?

– À Hoa Biển ; j'ai appelé hier et j'ai réservé une chambre... pour nous deux.

– Oh ? Mais...

– Mais quoi ?

– Normalement, une fille et un garçon ne peut pas dormir ensemble avant le mariage ! dit Luru Ly sur un ton dont Yann ne perçoit pas s'il se veut sérieux ou taquin.

Il argumente :

– Mais on l'a déjà fait !

– À Saigon. Là-bas, on connaît pas les gens. Ici il y a les voisins, la famille...

– Justement, on sera à Mũi Né !

– Il y a Kim Chi, ma cousine ! rétorque Luru Ly, le regard malicieux.

– Bon ! Alors, si tu es d'accord, on fait ici une petite fête de fiançailles avec ta famille et des voisins, si tu veux, et, en même temps, on annoncera la date du mariage. Ça va comme ça ?

– Je pense, oui ! concède la jeune femme avec un petit rire. Tu trouves toutes les idées pour arriver aux choses que tu veux !

– Je suis un peu têtu, parfois, j'admets.

Lorsque les parents de Luru Ly rentrent chez eux, Yann est encore là. L'effet de surprise passé, ils se font expliquer la situation et ne trouvent aucune objection aux projets du couple ; au contraire, cela semble tout à fait correspondre à leurs attentes.

On convient que la petite fête aura lieu dès ce jeudi, Kim Chi ayant plus de difficultés à se libérer le week-end (ce qui arrange Yann qui ne dormira que deux nuits tout seul).

Pour cette occasion, Luru Ly propose une fondue à la viande de chèvre qu'ils se feront livrer prête à déguster par un restaurateur, ce qui évitera un surcroît de travail.

Ceci convenu, le jeune homme ouvre sa valise car il a également apporté de petits cadeaux aux parents de Luu Ly. Il remet une bouteille de cognac – du vrai, de France – au père et un téléphone portable à la mère, ce qui lui facilitera la vie en l'absence de sa fille.

Luu Ly en profite pour ouvrir son paquet.

– Oh ! Un livre de Quynh Dào : « Mây trời vẫn xanh » ! Comment tu as l'idée ?

– À cause de ça, dit Yann en sortant de sa poche un feuillet.

– C'est quoi ?

– Ton numéro de téléphone ! Tu l'avais inscrit sur la page d'un livre, le jour où tu es partie avec le car, il y a deux ans et demi... Tu te rappelles ? C'était une page où figurait le nom de l'auteur... Et voilà !... Tu aimes ?

– Oui. Le livre que je lis dans le bus, c'est le premier. Et je ne lis pas souvent les romans... Mais je suis heureuse, je vois encore tu penses à moi depuis le jour là-bas ! dit la jeune femme en le regardant amoureusement dans les yeux.

Le soir, Yann est invité à manger en famille. Il a ainsi l'occasion de discuter avec ses futurs beaux-parents, la jeune femme servant, le cas échéant, de traductrice. Il apprend au passage que Thìn, lorsqu'il avait cinq ans, a failli perdre la vie dans un attentat. Sans le réflexe protecteur d'un Français, il ne serait peut-être pas là aujourd'hui... « ...ni moi » complète Luu Ly. C'est l'une des raisons qui a motivé le grand-père de Luu Ly à entretenir sa connaissance de la langue française, la transmettant ensuite à sa petite fille.

– Elle parle d'ailleurs très bien, et c'est assez étonnant pour quelqu'un qui n'a pas séjourné en France, fait remarquer Yann.

– Nó cũng biết nấu ăn ngon ! ajoute la maman pour qui le savoir cuisiner semble devoir faire partie du bagage féminin.

Quant à Yann, il explique avoir mis son appartement en location et prévu de rester au Viêt Nam durant 3 mois au moins, le temps d'accomplir toutes les formalités pour le mariage. Il souhaiterait aussi trouver un emploi ici, tout en admettant que les chances en sont minces car ses compétences professionnelles ne correspondent pas aux profils actuellement recherchés sur la place. Ou bien trouvera-t-il une niche pour exercer une activité indépendante ? Il ne le sait pas encore, à ce jour. Mais probablement qu'il rentrera simplement en Alsace, accompagné de Luu Ly, où il sera en de meilleures conditions pour retrouver un emploi. Cette solution, plutôt, semble convenir à la jeune femme dont il connaît le désir qu'elle a aussi de découvrir son pays.

Après le repas, Luu Ly propose d'accompagner Yann à Hoa Biển avec la honda. Cependant, l'idée de savoir la jeune femme seule, la nuit, sur la route du retour, l'incite à refuser. Il va prendre un taxi, ce qui est d'autant plus pratique qu'il a encore son sac à dos et la valise à transporter.

Arrivé à la pension, il est accueilli par le frère du patron qui s'étonne de le revoir déjà. Yann, un peu fatigué, ne souhaite pas engager la discussion sur ses motivations (qui ne manqueraient pas de susciter des questions) et se contente d'invoquer la nostalgie du lieu, puis attend que l'homme aille chercher la clé de sa chambre.

Au fond, côté océan, il aperçoit l'employée en train de ranger la gloriette. « Tiens, voilà une coquine avec qui j'ai un petit compte à régler ! » se dit-il.

En récupérant la clé, il demande qu'on lui apporte une bière fraîche dans sa chambre. Cinq minutes plus tard, on frappe à la porte.

– Mời vào ! répond-il.

Comme il s'y attendait, c'est Kim Chi :

– Ồ ! Anh Yann đấy !? s'exclame-t-elle, étonnée.

Yann confirme. Visiblement, elle n'avait pas été mise au courant de son arrivée.

Elle lui donne la boite et, avant qu'elle n'ait fait demi-tour. Yann l'interpelle:

– Kim Chi !

– Anh Yann ?

Il lui demande si elle pourrait se libérer, ce jeudi soir, car il aimerait l'inviter à un dîner.

Elle reste un instant bouche bée puis décline l'offre en tournant les talons, visiblement effarouchée, ce qui amuse Yann.

Il prend ensuite une douche rafraîchissante et envoie un SMS romantique à Luru Ly puis va s'allonger sur le lit après avoir récupéré le journal de son grand-père dans le sac. Comme il n'avait pas marqué la fin de sa lecture précédente, il décide de reprendre, au hasard, dans les dernières pages rédigées par pépé Abel.

Le 4 juillet 1970

*Nous avons bien fait, Emma et moi, d'envoyer
Didier au lycée en France, l'an dernier. Nos
enfants sont maintenant en sécurité là-bas.*
  *Ici, c'est tout le contraire ; je ne vois guère cette
république du sud subsister encore longtemps... Et
nous aimerions tout de même un jour connaître
nos petits-enfants, comme me l'a fait remarquer
Emma, il y a quelques jours, lorsqu'une explosion
s'est produite à une cinquantaine de mètres de
nous.*
  *Voilà pourquoi nous avons finalement décidé de
vendre nos biens et de quitter le Viêt Nam. Avec
l'argent, nous achèterons de l'or que nous
placerons dans un endroit sûr.*
  *Nous ne conserverons que quelques objets et
photos en souvenir, quelques petites choses qui
tiendront dans notre malle de voyage...*

Le 10 septembre 1970

*Demain, j'irai récupérer le Bouddha Rieur
confiée à monsieur Ngô il y a deux jours. Il devrait
avoir fini. Notre malle est prête. L'heure du départ
approche.*

Ce jour est le dernier de ce journal. Le suivant
fut celui de son auteur.
  Yann garde encore quelques minutes les yeux
ouverts, imaginant ses grands-parents à la fois
tristes de devoir quitter le pays de leur liberté et

soulagés de ne plus passer leur vie dans la crainte de la perdre...

Une sonnerie l'avertit que Luru Ly vient de répondre. Il consulte son portable, esquisse un sourire et éteint la lumière.

Le lendemain matin, de petits coups répétés contre la fenêtre tirent Yann de son sommeil. Il se redresse dans son lit. Dehors, un visage cherche à regarder entre les rideaux.

– Luru Ly ! Quel plus agréable réveil ? pense le jeune homme à voix haute.

Il se lève d'un bond, va ouvrir la porte, saisit le poignet de la jeune femme pour la faire entrer et la serre dans ses bras. Dans sa fougue, il marque une pause :

– Bonjour, Luru Ly murmure-t-il à son oreille !

– Bonjour Yann !

Puis il l'invite à s'asseoir sur le lit et lui demande de patienter deux minutes pendant lesquelles il se hâte d'aller se brosser les dents.

– Voilà ! dit-il en revenant avec un large sourire, comme ça je peux te faire un bisou ! Et il l'embrasse langoureusement.

Luru Ly sent bien qu'il ne compte pas en rester là.

– Yann, on doit faire encore beaucoup de choses...

– Oui, mais il y a une chose qu'on n'a pas faite depuis longtemps...

– Oh, Yann ! fait mine de protester Luru Ly, tu n'es pas raisonnable !

– Tu as raison ! Attends...

Le jeune homme se lève pour aller s'assurer que la porte est fermée à clé et les rideaux bien tirés. Puis il revient et commence à déboutonner la chemisette de Luru Ly. Celle-ci arrête soudain sa main.

– Quoi ? demande Yann.

– Il parait tu invites des autres filles à manger !

Il éclate de rire :

– Ha ha ! Ça a marché ! Tu as vu Kim Chi en arrivant, n'est-ce pas ? Effectivement, hier soir, je lui ai proposé de l'inviter à un repas pour jeudi (c'est notre petite fête de fiançailles), je n'ai pas dit « en tête-à-tête », c'est elle qui l'a pris comme ça... J'ai voulu lui faire une petite farce parce que je savais qu'elle allait te le dire... Tu vois tu peux compter sur ton « espionne » !

– Je pensais aussi que tu as blagué, filou !

– Filou ?

– Oui ; c'est mon grand père qui disait comme ça, explique Luru Ly en riant.

– Bon ! On en était où ? reprend Yann en s'approchant d'elle.

– Tu es têtu !...

Yann ne la laisse pas finir d'exprimer sa pensée, il pose sa bouche sur la sienne...

Dans le bâtiment juste en face de la chambre se trouvent les bureaux, les cuisines et aussi une grande salle de restaurant ne servant qu'occasionnellement. C'est ici que Yann propose de tenir le banquet du mariage. Les invités pourront se promener sur la plage et surtout, ceux qui viennent de loin trouveront à se loger sur place ; Yann songe à l'oncle Martin, Cam ou bien encore à la famille de Luru Ly qui habite Saigon, par exemple. L'idée semble convenir à la jeune femme qui en avait déjà entendu parler par sa cousine mais ne l'avait pas encore vue.

– La patronne qui est bonne cuisinière saura certainement proposer un bon menu, suggère Yann en montant l'escalier accompagné de Luru Ly pour aller à la rencontre des hôteliers.

La discussion arrive rapidement à un accord. La salle et les services du lieu sont réservés pour le 21 juin, date déjà évoquée la veille et finalement arrêtée pour le mariage.

Entre-temps, il faudra s'occuper des invitations et de la grande galère que représentent, ici, les démarches administratives dans le cadre d'une union mixte.

*

– Allô, Cam ?
– Oui !
– C'est Martin !
– J'avais reconnu ta voix !
– Ça y est, Yann se marie !
– Bonne nouvelle !
– Et tu es invité...
– C'est très gentil, mais pour venir en France...
– Mais non ! Il se marie au Viêt Nam avec la petite qu'il a rencontrée à Saigon... Je t'en avais parlé, je crois...
– Possible, oui...
– Alors il voudrait que ta femme et toi vous joigniez à moi pour représenter sa famille.

– Oh, merci, ça me fait plaisir ! On se verra alors bientôt à Saigon...

– Même pas ! Plus près de chez toi : à Mũi Né ! Luru Ly, sa future femme est du coin...

– Luru Ly ? Du coin ? Et elle a quel âge ?

– 25 ans,

– Tiens !

– Quoi ?

– Une coïncidence... Je pensais aux Hoàng...

– Les Hoàng ?... Ah oui... je vois.

– Leur fils a une fille qui doit avoir cet âge et s'appelle aussi Luru Ly.

– Et si c'était elle ? Tu imagines ! Incroyable !

– Bah ! Il n'y a pas qu'une seule Luru Ly, par ici, je pense...

– En tous cas, tu recevras une invitation, je lui ai donné ton adresse.

– T'as bien fait.

– Bon, alors, au mois prochain, Cam !

– À bientôt, Martin.

*

Pour la petite fête, l'oncle et la tante paternels de Luru Ly sont venus avec leurs enfants et un couple de voisins s'est joint à la famille. Une dizaine de personnes se trouve ainsi réunie autour de la marmite dans laquelle mijotent la viande et les légumes. Tandis que les femmes se versent du soda, les hommes sont pourvus de boites de BGI, marque de bière d'une ancienne brasserie française en Indochine dont elle n'a conservé que le nom mais reste néanmoins agréable à boire. Thìn a préparé sa bouteille de cognac qui sera débouchée en cours de repas pour alterner avec la bière.

Les discussions vont bon train et, dans ce flot de paroles joyeuses, Yann a un peu de mal à suivre. Heureusement, Lưu Ly vient à la rescousse. Ici comme ailleurs, les centres d'intérêts sont féminins ou masculins ; cependant, l'essentiel des sujets rencontre une participation collégiale. Lưu Ly dévoile sa bague à la curiosité des uns tandis que d'autres interrogent Yann sur son rapport avec le Viêt Nam, sa famille... Le moins volubile, c'est l'oncle Cường ; quelque chose semble occuper ses pensées, il observe Yann d'un oeil circonspect.

Lưu Ly veille toujours sur le bol de son fiancé et n'hésite pas à le regarnir du bout des baguettes au fur et à mesure qu'il se vide.

– Ah ! Lưu Ly, regarde, je vais te montrer quelque chose, dit Yann en sortant trois photos de la poche de sa chemise qu'il dispose côte à côte sur le sol.

– Eux, à Tà Cú, je connais ! dit la jeune femme en indiquant la première.

– Et ce couple ?

– Oh ! C'est tes parents ?

– Oui...

– Ils ont l'air heureux et sympathiques !

– Je pense qu'ils l'étaient... Et eux ? continue le jeune homme en montrant la troisième photo.

– Je ne sais pas... Peut-être ton grand-père et ta grand mère ?

– Exact !

– Je vois tu ressembles beaucoup ton grand-père !.. Mais... Oh ! s'exclame soudain Lưu Ly en posant la main sur sa poitrine.

– Quoi ?

– Le collier de ta grand-mère ! C'est comme le mien ! Comme le collier de bà nội !

Yann regarde plus précisément le cou de sa grand-mère : effectivement, elle porte un pendentif dont le médaillon représente un dragon. Yann le compare à celui que porte Lưu Ly (il le lui a rendu le matin même). Ils ont l'air identiques !

Cường qui a suivi la scène intervient en demandant à voir la photo. Il la regarde, lève les yeux vers Yann puis compare une fois de plus son visage avec ceux de la prise de vue. Il finit par demander s'il s'agit des grands-parents du jeune homme, ce que Lưu Ly confirme. Il veut encore savoir le nom de famille de Yann.

– Demay, répond l'intéressé.

L'oncle de Lưu Ly reste bouche bée. À Thìn qui lui demande ce qui se passe, il montre la photo et répète : « Họ của nó là Demay ! »

Lưu Ly s'informe à son tour auprès de son père et Yann ne veut pas être en reste.

Les explications, il les entend de la bouche de sa fiancée qui traduit au fur et à mesure l'incroyable nouvelle : Abel Demay, le grand-père de Yann *est* ce Français grâce auquel le père de Lưu Ly a échappé à la mort dans son enfance ! Le collier de Lưu Ly *est* celui que porte la grand-mère de Yann sur la photo. Elle l'avait elle-même donné à celle de la jeune femme ! Yann est abasourdi. Ainsi, si les deux jeunes gens peuvent aujourd'hui se marier, c'est aussi parce qu'Abel a sauvé la vie de Thìn qui, lui-même, a sauvé celle de Yann !

Cette histoire trotte dans la tête de Yann qui n'arrive pas à s'endormir, contrairement à Luu Ly, blottie contre lui sur le lit de leur chambre à Hoa Biển. Sa respiration tranquille fait écho au chuchotement des vagues que l'on perçoit par la fenêtre entrebâillée. Ce rythme régulier offre un fond sonore et serein aux pensées du jeune homme qui s'enchaînent à bâtons rompus dans son esprit.

Il fait le lien entre le journal de son grand-père et ce qu'il a appris ce soir. La famille Hoàng – ayant pris la suite de ses grands-parents pour gérer la plantation – est celle de sa future femme. Cường a connu non seulement son grand-père, mais aussi son père puisqu'ils étaient alors « partis ensemble voir les chevaux »... Et ce médaillon qui brille au cou de sa fiancée, cadeau d'amour d'Abel à Emma, n'aurait-il pas exercé une influence sur le destin des jeunes gens, à la fois pour les réunir et pour tisser ce lien entre une grand-mère et le petit-fils qu'elle aurait voulu connaître ? Yann n'est pas particulièrement superstitieux mais il s'étonne tout de même du cours des évènements, de cette propension qu'ils ont eu à le rapprocher de Luu Ly. Par ailleurs, il est vrai que les bouddhistes croient en la réincarnation... Et justement, ce Bouddha Rieur, posé sur la table, qui le regarde avec son éternel large sourire donnant l'impression qu'il détient les réponses et qu'il s'en amuse, ne serait-il pas celui de son grand-père ?

Dans l'actuelle succession des découvertes et des révélations, cela ne serait plus surprenant...

Chapitre IX

À la croisée des vies

Ce mois a filé à toute allure. Entre les démarches administratives et autres visites médicales, Yann et Lưu Ly ont fait imprimer et envoyé les invitations, choisi les plats qui seront servis au banquet, fait faire leurs costumes de mariage sur mesure et passé leur temps libre restant en promenades, initiation à la pêche en mer avec Cường, soirées tranquilles à la pension ou plus animées à Saigon.

La cérémonie du mariage se déroulera selon la coutume vietnamienne. Pour l'occasion, Yann a élu domicile à Hoa Biển. À ses côtés pour représenter la famille du marié, oncle Martin, Cam et sa femme Trinh ainsi que Trường, le frère de Kim Chi. Oncle Martin est arrivé la veille de Saigon, dans le même car qu'ont pris la tante Lan et sa famille. Descendus à Phan Thiết, ils ont fait une halte chez Lưu Ly puis le groupe est reparti pour Hoa Biển où tous ont passé la nuit, rejoints par Cam et Trinh venus tout droit de Nha Trang. Là encore, quelle n'a pas été la surprise pour Yann et Luru Ly d'apprendre que Cam connaissait leurs deux familles. « La première fois que j'ai vu le papa de Luru Ly il avait cinq ans, c'était il y a plus de 40 ans, dans des circonstances tragiques... » a-t-il expliqué. Mais on en parlera plus tard, demain c'est jour de fête !

Ce matin aux aurores, tante Lan est repartie avec Luru Ly pour rejoindre la maison des parents et préparer la future mariée avec la complicité d'Anh, le coiffeur de Mũi Né que connaît Yann.

Dans la salle de restaurant, on s'active pour dresser les tables et décorer les lieux. Les deux familles étant peu nombreuses, avec quelques anciens camarades de classes de Luru Ly, des voisins, les patrons de la pension et Dimitri, on arrive à une petite cinquantaine de personnes.

Le futur marié a revêtu un costume traditionnel bleu foncé et se tient fin prêt, le bouquet nuptial dans les mains, tandis qu'un professionnel de l'image commence à filmer cette journée exceptionnelle dont il produira une vidéo souvenir montée comme un film de cinéma.

Vers 9 h, le petit groupe de cinq personnes quitte en voiture le domicile du futur époux pour rouler en direction de Phan Thiết. Dans le coffre, on a rangé les grosses boites rondes et rouges contenant les cadeaux traditionnels.

Arrivé devant le domicile de la future épouse – lieu de la cérémonie – tout le monde descend. Les représentants des deux familles se font face et s'échangent les présents selon la coutume puis, en un cortège, entrent dans la maison dont la porte a été décorée d'une arche fleurie.

À l'intérieur, toute la famille se serre aux côtés de Yann dans la pièce principale où l'on a inscrit sur les murs le vœu « Trăm Năm Hạnh Phúc », la date de l'évènement et les prénoms des mariés auxquels on souhaite ces cent années de bonheur. C'est Cường, le plus âgé de la famille, qui préside la cérémonie devant l'autel dédié aux ancêtres.

Puis apparaît Lưu Ly. Elle descend l'escalier, éblouissante dans son habit traditionnel, un « ao dài » rouge vif brodé de cercles d'or, la chevelure élevée en un chignon qui dépasse à peine de la coiffe en forme de couronne d'où se déroulent de petites mèches, ciselant le visage exceptionnellement illuminé d'une touche de maquillage et de boucles d'oreilles miroitant au gré des rais de soleil qui s'invitent par les fenêtres. Yann ne cesse de la regarder, ébahi par le charme que dégage la jeune femme, tandis que Cường prononce les paroles coutumières.

Le couple, à présent réuni, est invité à se passer mutuellement les alliances puis à disposer des fruits en offrande devant les portraits des grands-parents, avant de faire une prière silencieuse qu'ils concluent en piquant les bâtonnets d'encens dans le petit pot de céramique qui leur est destiné.

Ils sortent maintenant de la maison, mariés, souriants, et se regardent avec, dans les yeux, la lueur du bonheur d'avoir réalisé leur souhait. Dans cet instant de flottement, Yann glisse à Lưu Ly, un peu désolé :

– Il ne manque que Đầm Sen…

– Il ne manque rien, Yann, répond la jeune mariée avec un sourire ému.

Ils montent ensuite dans la « xe hoa », une Mercedes couleur bleu nuit décorée de fleurs rouges, oranges et blanches agrémentées de rubans, l'ensemble formant une parure flamboyante sur l'avant de la voiture.

Le trajet qui les emmène à Mũi Né est plus long qu'à l'habitude, le réalisateur de la vidéo souhaitant avoir suffisamment de matière pour le montage. Il va d'ailleurs prendre la direction des opérations jusqu'au repas ; ainsi, le couple arrivé à Hoa Biển va prendre une petite collation et se changer pour adopter une tenue occidentale (costume pour monsieur, robe blanche pour madame) après quoi il entamera un marathon de prises de vues – des dunes aux Tours Chams et de Tà Cú à la plage – selon un planning et un scénario établi par le professionnel de la caméra.

Au banquet, organisé en tables rondes d'une dizaine de convives chacune, se succèdent les plats que l'on déguste tout en discutant gaiement tandis qu'un groupe donne une touche musicale à la fête dans un répertoire où se succèdent airs traditionnels, chansons actuelles et standards occidentaux. Les mariés, revenus de leur escapade de tournage, passent de table en table converser et trinquer avec les invités qui, à leur arrivée, ont tous inscrit quelques mots et signé le livre d'or prenant ici la forme d'un grand napperon brodé en souvenir de l'évènement.

En début de soirée, lorsque les convives sont repartis, le couple vient prendre place à une table pour se restaurer à son tour, en compagnie des parents de Luu Ly et d'oncle Martin. Celui-ci a conservé de bonnes connaissances en vietnamien, ce qui lui permet de deviser facilement avec l'entourage.

– Tiens ! Yann, tu savais ça ? À propos de la casquette de ton beau-père... ?

– La « casquette de Haddock » dont je t'avais parlée ? Vas-y, dis...

– Je viens d'apprendre qu'il l'a reçue de son frère Cường qui l'a lui-même reçue de monsieur Zoer, le propriétaire des exploitations d'hévéas que pépé Abel et son père avaient gérées, ce monsieur Zoer étant également mon grand-père maternel... le père de mémé Emma ! explique Martin, enthousiasmé. Avec ce que tu m'as déjà raconté, on peut dire que le destin a vraiment voulu que vous vous rencontriez, toi et Luu Ly !

– J'avais remarqué, tonton ! s'exclame Yann avec un sourire et une lueur de bonheur dans le regard qu'il adresse à sa femme.

– À part ça, dans les temps à venir, qu'est-ce que vous comptez faire, les enfants ? reprend l'oncle en regardant les tourtereaux.

Luu Ly sourit, jette un œil à Yann, puis répond la première :

– Oui, mais pas tout de suite...

– Pas tout de suite quoi ? demande Martin qui n'a pas saisi le sens de la réponse.

– Pas tout de suite faire les enfants ! précise d'évidence Luu Ly.

Après une seconde d'hésitation, Yann et son oncle viennent de comprendre et se mettent à rire, rapidement suivis par la jeune femme, une fois la question reformulée.

– Cela étant, je suis d'accord avec Luu Ly, enchaîne Yann. On veut des enfants, mais d'abord on va aller en France ; je veux trouver du travail et assurer notre quotidien. On en a parlé avec ses parents car Luu Ly se faisait du souci en les laissant seuls. Mais ils pensent pouvoir s'en sortir. La santé de sa mère s'améliore et son père arrive de mieux en mieux à se déplacer et à bouger. De toutes façons, si j'ai du boulot, on pourra les soutenir et, pour ça, le plus raisonnable c'est de faire comme on a décidé... Rien n'est facile... termine Yann en regardant Luu Ly qui l'approuve en hochant la tête. Mais avant ça, poursuit le jeune homme avec un large sourire, on va faire un voyage de noces… en deux parties !

– Ah bon ! En deux parties ? s'étonne Martin.

– Eh oui ! La première : au Viêt Nam, en faisant une petite tournée : Nha Trang – avec une journée à Vinpearl – Hội An, puis Huế, et on va pousser jusqu'à Hạ Long et sa célèbre baie... Tous, des coins où ni elle ni moi n'avons encore jamais mis les pieds... Deuxième partie : Paris, évidemment ! Avec visite des inévitables lieux renommés dans le monde... Quelque chose qui lui tient beaucoup à cœur, n'est-ce pas, ma chérie ?

– Oui... *mon chéri* ! confirme-t-elle à la fois amoureuse et taquine en retournant l'expression bien française de son mari.

– Oh, tu as l'air fatiguée ! remarque Yann... La journée a été longue, on va pas tarder à regagner la chambre...

– Mais oui, coupe l'oncle, on aura encore tout le loisir de causer demain matin, et avec Cam aussi, parce qu'il ne part que dans l'après-midi.

Le repas terminé, tandis que Yann et Luu Ly vont se coucher, les parents de la jeune mariée reprennent en taxi le chemin de la maison et Martin, celui de la gloriette pour y rejoindre Cam. Ensemble, ils vont boire un dernier cà phê đá en évoquant des souvenirs, bercés par le rythme de la mer.

Yann dort encore paisiblement. Luu Ly se lève doucement, enfile ses vêtements et sort en refermant sans bruit la porte de la chambre. Le soleil a repris son ascension, et Kim Chi, son travail. Dans le hamac, au bout de l'allée, une forme est étendue. Lorsqu'elle croise sa cousine, Luu Ly se renseigne :

– Ai đang kia ?

– Ông Măt-tang. Ông ấy đã ngũ qua đêm.

Luu Ly passe discrètement à côté de l'oncle Martin encore endormi, franchit le portail qui donne sur la plage et descend s'asseoir sur le sable. Plus loin, les pêcheurs s'activent. Elle pense à son oncle Cường qui, aidé de sa tante et de son cousin, doit être en train de tirer les filets, lui aussi. Elle respire profondément l'air marin. Ce nouveau jour, c'est aussi un nouveau jour dans sa vie. La cérémonie d'hier a scellé son union avec Yann mais aussi son départ pour la France. Dans un mois et demi, elle s'envolera pour ce pays qu'elle a hâte de découvrir. Pourtant, à ce sentiment d'excitation se mêle un peu de crainte. Si, pour Yann, le Viêt Nam est un autre monde, alors pour elle, la France sera également un autre monde...

Une voix interrompt le fil de ses pensées.

– Con dậy sớm !

– Ò, bác Martin ! Bonjour ! Oui, je me suis levée tôt.

– Bonjour Luru Ly !

– Vous dormez bien dans le filet ? demande la jeune femme avec un sourire malicieux.

– Très bien ! Tu sais, on a bavardé avec Cam, hier soir, et quand il est allé se coucher, je suis encore resté ici en buvant une bière, explique Martin avec un clin d'oeil de confidence, et je me suis endormi... Et toi, tu as bien dormi ?

– Oui ; j'étais très fatiguée.

– Tu regardes la mer ?

– Oui... Oncle Martin, la mer, en France, c'est comment ?

– Presque pareil... commence-t-il en s'asseyant à côté de Luru Ly. Il poursuit en s'appliquant à se faire bien comprendre, marquant de petites pauses : pour ce que je connais, il y a des plages de sable et de cailloux, des ports avec leurs bateaux (mais pas ces barques rondes comme là, indique Martin du doigt), des îles au loin... Dans le sud, en été seulement, l'eau est presque aussi chaude qu'ici mais la marée n'est pas forte, la mer ne part pas loin. C'est assez touristique et on ne trouve pas beaucoup de coquillages ni de petits crabes qui courent sur le sable… Pour ça, il faut aller sur la côte ouest, plus sauvage ; c'est l'océan, la mer est plus fraîche et les marées plus fortes… D'ailleurs, tu sais, en haut, entre la Bretagne et la Normandie, il y a une île couverte de maisons qui s'appelle le Mont St Michel où la marée est très forte ; la mer monte et descend à la vitesse d'un cheval qui court !... Et, bien au nord, il fait assez frais, on se baigne moins souvent, mais il y a de belles falaises, c'est-à-dire que la terre s'arrête en hauteur et la mer est tout en bas, raconte Martin en mettant la main au-dessus des yeux et en penchant la tête pour mimer le promeneur qui regarde en contrebas.

Luru Ly suit avec attention le récit.

– Je pense c'est très beau, alors !

– C'est vrai, il y a aussi des coins chouettes, en France, admet Martin en marquant une pause, le regard fixé sur l'horizon. Mais, dis-moi, Luru Ly, tu vas bientôt quitter ton pays pour venir chez nous… Qu'est-ce que tu ressens ? Tu es plutôt contente de découvrir la France ou plutôt triste de quitter le Viêt Nam ?

– Les deux ensemble, reconnaît la jeune femme.

– Alors, si Yann s'occupe bien de toi, tu pourras t'habituer, ce ne sera pas trop difficile. Je lui en ai déjà parlé. Mais je veux te dire une chose, Luru Ly : tu dois savoir que si tu as des problèmes, que ça ne va pas avec Yann, je serai toujours là pour t'aider car je sais ce que c'est de quitter son pays, dit Martin en la regardant… Tu sais, moi-même je suis né au Viêt Nam et j'en suis parti à l'âge de 20 ans. Je suis revenu une fois pour repartir avec Didier, le père de Yann et une fois juste après la mort de mes parents… Ensuite, j'ai du attendre 20 années pour pouvoir revenir car le pays était fermé aux occidentaux… Alors, je pense que je peux te comprendre... termine-t-il.

– Merci, oncle Martin…

– Hé ben ! Je vois que ma femme est en bonne compagnie ! Ça fait longtemps que vous papotez comme ça ? intervient soudain Yann qui s'approche en s'étirant, avant de s'asseoir.

– Oh, question papoter, c'est plutôt moi qui n'arrête pas de causer ! Luru Ly n'a pas eu le temps de dire grand chose ! répond Martin avec une moue de fautif… Et puis j'en ai profité pour lui dire qu'elle pourra toujours compter sur moi lorsqu'elle sera en France, comme je te l'ai déjà dit à toi.

– J'en suis heureux, surtout si ça peut la rassurer, dit Yann en passant le bras par-dessus les épaules de Luru Ly pour la serrer contre lui.

Ils suspendent un bref moment leur conversation. De gros nuages se déroulent de la montagne, laissant présager de la pluie. La période de la mousson s'annonce avec ses brusques averses tièdes qui inondent les rues et fournissent aux enfants des douches ludiques – moins appréciées des cyclomotoristes – mais après lesquelles, tout le monde sèchera en dix minutes dans le vent chauffé par le soleil revenu.

– Et si on allait manger ? propose Yann. Je connais un petit resto, pas loin, qui propose aussi du phở, et j'en prendrais bien un bol, ce matin.

– On va voir si Cam et Trinh son réveillés et on y va ensemble, non ? suggère Martin.

– Bien sûr !

Tous trois remontent vers le portail et se dirigent vers les chambres. Cam, justement, sort de la sienne.

Ils lui font part de leur proposition qu'il accepte volontiers mais en leur demandant de patienter car il vient de commander un café et doit attendre sa femme en train de se préparer.

– Ben, alors pendant ce temps, je vais vous faire voir mon Bouddha Rieur.

– Bonne idée ! Cam et moi on pourra te dire ce qu'on en pense ; on va s'asseoir à la table, là, près du manguier.

Un instant après, Yann les rejoint avec la statuette et la pose devant eux.

Oh, mais il me semble bien que ce soit celle de mon père ! dit Martin. Qu'est-ce que tu en penses, Cam ?

– Ça fait plus de quarante ans... Je ne sais pas si ma mémoire est encore bonne, mais il lui ressemble beaucoup, en tous cas...

Martin prend l'objet en main, puis fronce les sourcils en le soupesant.

– Mais non, finalement... Regarde, dit-il en le tendant à Cam, il est bien trop lourd ! Je n'ai pas souvenir que celui de mon père faisait un tel poids...

– Tu as raison, Martin... Il lui ressemble beaucoup mais il m'a l'air vraiment beaucoup plus lourd... En tous cas, ça semble être une pièce assez ancienne, vu son aspect...

211

– Ce que je pense faire, c'est passer voir le moine Liêm quand nous irons à Nha Trang, Luru Ly et moi, pour notre voyage de noces, et j'essaierai d'en savoir plus ; parce que je dois dire que ça m'intrigue quand même pas mal, cette histoire. Pourquoi il m'a donné cette statuette ? En plus, il dit avoir connu pépé Abel... Il y a vraiment trop de coïncidences !

– Si déjà tu passes par là-bas, ben ouais, demande-lui, opine Martin ; je sais que mes parents connaissaient un moine, mais il s'appelait...

– Quang, complète Yann, je l'ai lu dans le journal de pépé Abel.

– Ça doit être ça... Oui, ce nom me dit quelque chose...

– Ah ! Voilà Madame, intervient Cam.

Trinh rejoint le petit groupe tandis que Luru Ly appelle un taxi.

La route, parallèle au rivage, qui passe devant la pension les mène à un restaurant quelques kilomètres plus loin où ils vont s'attabler. Tout le monde se met au diapason de Yann et commande un phở. Les restaurateurs, visiblement peu habitués à ce type de choix, n'ont pas tous les ingrédients en stock, ce qui les oblige à se rendre au marché local avant de cuisiner.

– On va devoir attendre un peu mais, au moins, ce seront des produits frais qu'ils vont utiliser ! positive Martin

Pendant ce temps, ils sirotent une boisson en devisant.

– Tonton ! Tu vas dire « Arrête de changer d'avis toutes les 5 min », mais j'ai une idée...

– Vas-y toujours, mon gars !

– Le long de la route, j'ai vu des terrains en friche qui donnent, à l'autre bout, sur la plage. Sur des poteaux et des troncs d'arbres, il y a des affichettes avec des numéros de téléphone ; je suppose qu'ils sont à vendre. Alors je me suis dit : « Et si Luru Ly et moi on achetait un de ces terrain pour y construire des bungalows et faire une sorte de « camp resort », mais en gardant le côté « authentique » avec un décor typique, à l'ancienne, tu vois, pour les touristes qui aiment vraiment le dépaysement et ne veulent pas avoir l'impression d'être sur la Côte d'Azur partout dans le monde... Avec un site Internet, le fait que je sois Français et que Luru Ly soit d'ici, ça peut aider... »

– Attends ! T'emballe pas ! Déjà, ça m'étonnerait qu'avec tes économies ça suffise à acheter un terrain, même ici...

– Je peux vendre mon appart' !

– Et après ? Une fois réglés le reste du crédit, les frais, le terrain acheté et les bungalows construits, il te restera quasiment plus rien. Alors, tu vas vivre comment avec Luru Ly jusqu'à ce que les premiers clients arrivent ? Et si ça foire ? T'auras tout perdu, tu reviendras en France et tu feras quoi ? Bien sûr, ma porte est toujours ouverte, mais je suis limité, tu le sais...

– Je crois que ton oncle a raison, Yann, intervient Cam. C'est pas forcément facile de commencer un business ici et, si tu n'as pas un matelas de sécurité, tu peux y laisser des prunes...

– Des plumes, corrige Martin.

Il est vrai qu'économiquement, l'affaire est risquée et il ne peut pas attendre une aide financière de son oncle ; celui-ci touche une petite retraite et ne dispose que de peu d'économies.

– Bon, OK. J'ai promis de m'occuper de notre vie comme il faut, alors je vais être raisonnable... convient Yann en regardant Luru Ly.

Celle-ci lui sourit en hochant la tête en signe d'approbation. La conversation s'interrompt le temps de boire une gorgée de thé, puis Yann change de sujet :

– Alors, Cam, vous connaissez donc aussi Luru Ly et ses parents ?

– Oui ! Nous ne nous voyons pas souvent, mais quand je viens du côté de Mũi Né ou Phan Thiết, je passe leur rendre visite... La première fois que j'ai rencontré les Hoàng, cela remonte à 1964. Cette année-là, les grands parents de Luru Ly sont venus prendre le relais des tiens sur la plantation... Martin les a aussi connus !

– Effectivement, on en a d'ailleurs parlé avec Cường, hier. À l'époque, il avait 11 ans. Mais, jusqu'à ce que j'aie reçu l'invitation au mariage, je ne connaissais pas le nom de famille de Luru Ly. Et même si... Les noms de famille vietnamiens, il y en a pas des ribambelles ; je n'avais pas fait le rapprochement... Mais, continue, Cam !

– Eh bien, un mois après le départ de la petite famille Demay, c'est la nôtre qui est partie. Alors je ne les ai plus revus jusqu'en 1970. Pendant ces six années, je descendais régulièrement à Saigon et je passais saluer Martin et la famille, puis Abel et

Emma quand ton frère et toi vous êtes partis en France, précise Cam en regardant Martin. Et, un jour de septembre, le 17, je me souviens encore, quand je suis arrivé chez eux, les voisins m'ont dit qu'ils ont été victimes d'une explosion. À l'hôpital, on m'a appris qu'ils étaient morts, Abel sur le coup, Emma, quatre jours après, des suites de ses blessures. L'infirmière qui la suivait m'a dit qu'une dame l'avait veillée jour et nuit. Pour la remercier, Emma lui avait offert son collier. Un moine s'était occupé de leur sépulture. Quand je suis allé sur leur tombe, j'ai rencontré monsieur et madame Hoàng, les grands-parents de Luu Ly. Ils m'ont expliqué qu'Abel et Emma se trouvaient devant un café du centre pour discuter avec quelqu'un quand ils les ont vus. À ce moment là, Thìn a lâché la main de sa mère pour se diriger vers le café. Soudain, dans le café quelqu'un a crié « Bom ! Bom ! » et tout le monde a fui. Abel ayant vu Thìn tomber dans la bousculade l'a ramassé et pris dans ses bras, ce qui a protégé l'enfant de l'explosion... Voilà pourquoi la grand-mère de Luu Ly est restée auprès de la tienne jusqu'à la fin... Par la suite, à chaque anniversaire de la mort de tes grands-parents, je les ai revus se recueillir au cimetière jusqu'à ce qu'ils partent s'établir à Mũi Né, termine Cam.

Ainsi, à la lumière de ce récit et du journal d'Abel, Yann arrive à reconstituer un pan de la vie de ses grands parents.

– C'est quand même étonnant, remarque une nouvelle fois Martin, on dirait que le destin voulait absolument rapprocher les deux familles et qu'il a fini par les réunir aujourd'hui avec Luru Ly et Yann...

Chapitre X

« Un endroit sûr »

L'itinéraire de leur voyage de noces les emmènera, au gré des étapes, par la route nationale qui s'étire du sud au nord, sans jamais s'éloigner beaucoup des côtes, et serpente dans la montagne en traversant le col des nuages jusqu'à l'ancienne cité impériale, à mille kilomètres environ de chez eux. De là, un vol intérieur les déposera à Hạ Long d'où ils reviendront également par la voie des airs pour atterrir à Phan Rang et boucler leur tour en car.

Mais aujourd'hui, Yann et Lưu Ly se trouvent à Nha Trang où ils ont été accueillis à leur arrivée hier soir par Cam qui les a accompagnés jusqu'à l'hôtel pour déposer leurs bagages et se rafraîchir d'une douche bienfaisante. Ils ont ensuite rejoint le marché de nuit où Trinh les attendait pour dîner à l'une des terrasses de restaurant qui alternent avec les diverses échoppes dans cette rue perpendiculaire à la plage, devenant piétonne le soir pour s'animer d'une ambiance rappelant un peu un marché de Noël en France. Après une bonne promenade et quelques achats, la fatigue prenant le dessus, ils sont allés se coucher.

Ce matin, Yann et Luru Ly mettent le nez dehors une heure avant l'ouverture du parc aquatique ; ils vont faire un crochet par la pagode où réside le moine Liêm, selon l'information qu'ils ont eue à Phan Thiết, une semaine auparavant.

La pagode en question se trouve au nord de la ville, à proximité d'une immense statue de Bouddha – celui-ci, assis, en revanche – également sur les hauteurs. On y accède par un escalier le long duquel des enfants et des handicapés demandent un geste de charité. Le couple sait qu'il est difficile de donner à l'un sans que de nombreux autres arrivent lorsqu'ils voient la tête d'occidental de Yann qui, par extension, est « riche ». Ils glissent cependant discrètement un billet dans la main d'une femme aveugle avant d'entrer dans le lieu sacré. Plusieurs pèlerins et touristes fréquentent l'endroit, mais le jeune couple n'a pas de mal à repérer un moine qui se recueille auprès d'une représentation de Bouddha. Vu de dos, il a la même corpulence que Liêm, juge Yann. Ils attendent qu'il soit disponible et se retourne. Ce n'est pas Liêm. Ils s'approchent, le saluent et Luru Ly lui demande s'ils peuvent voir le vieux religieux. L'homme indique un local adjacent, à l'extérieur, où ils se rendent aussitôt après l'avoir remercié.

Lorsqu'ils entrent dans la pièce en question, Yann et Luru Ly se regardent, stupéfaits. Ce lieu est une chambre funéraire où sont logées les urnes contenant les cendres des défunts.

– Tu crois qu'il a bien compris qu'on voulait voir Liêm ? s'inquiète Yann auprès de sa femme.

– Mais oui !... confirme Luru Ly, avant de conclure, ça veut dire Liêm est mort, alors...

Tous deux se mettent à chercher le nom du moine sur les alcôves. Une vieille dame qui leur a prêté attention demande à Luru Ly :

– Hai người tìm ai ?

– Tu sĩ Liêm.

Elle leur indique l'urne. Ils la remercient et prennent quelques bâtonnets d'encens qu'ils font brûler dans le recueillement.

Lorsqu'ils sortent, la dame semble les avoir attendus, assise sur une marche. En les voyant, elle esquisse un sourire qu'ils lui rendent en hochant la tête. Elle interpelle alors Luru Ly. Celle-ci s'accroupit auprès d'elle pour mieux entendre. Elle voudrait savoir comment ils ont connu le moine Liêm. Luru Ly explique que son mari l'a rencontré un jour à Phan Thiết, et qu'il voulait le visiter, mais qu'il n'était pas au courant de sa mort... La dame aperçoit cette fois le collier de Luru Ly, arrondit soudain les yeux d'étonnement et demande son nom à la jeune femme.

– Hoàng Luru Ly.

– Còn chồng con ?

– Yann Demay.

La vieille dame se met à marmonner ses pensées à mi-voix puis s'arrête et se lève avec difficulté. Luru Ly s'empresse de l'aider. Elle demande aux jeunes gens de lui accorder quelques instants et de la suivre chez elle, à quelques pas d'ici en contrebas, car elle a quelque chose à leur donner. Yann et Luru Ly acceptent, intrigués, et l'accompagnent. En chemin, elle se présente : elle est la soeur de Liêm et s'appelle Ngọc. Ce prénom associé à un frère étant moine évoque quelque chose à Yann, ce qui excite encore plus sa curiosité.

La maison de Ngọc est toute petite, coincée entre deux autres, plus haues, bardées d'enseignes de tôle peinte et de LEDs clignotantes. La dame les invite à entrer puis à s'asseoir tandis qu'elle retourne des tasses en porcelaine pour y verser du thé, après quoi elle disparaît derrière un rideau de bandes plastiques multicolores. La pièce est assez sombre et austère. Sur un meuble de bois ouvragé, trônent les portraits des ancêtres et, sur une étagère basse, une photo de Liêm, plus jeune, tenant à la main un hippocampe. Yann et Luru Ly se regardent et semblent avoir les mêmes interrogations. Dans un coin, sur un tabouret bas, se tient un éléphant de bois aux défenses matérialisées par des coquillages.

Lorsque Ngọc réapparaît, le couple est prêt à poser ses questions mais elle ne lui en laisse pas le temps et remet à Yann une enveloppe. Il l'ouvre et en sort une lettre écrite en français, qu'il lit à haute voix :

Cher Yann,

Si tu as cette lettre en main, cela signifie deux choses : 1) Tu as cherché à me revoir et je t'en remercie ; 2) nous n'avons pas pu nous revoir, et je le regrette.

Lors de notre rencontre, j'aurais voulu t'en dire plus mais la douleur et ma santé m'ont commandé le repos.

Tu te demandes, peut-être, pourquoi je t'ai donné ce Bouddha Rieur ?

Parce qu'il appartenait à ton grand-père Abel. C'était un homme qui avait bon cœur, qui a aidé de nombreux Vietnamiens, ma famille et moi-même. Pour le remercier, je lui avais sculpté cette statuette. Par la suite, je l'ai modifiée et ai remplacé la corne d'abondance de bois qui était cassée par un coquillage (comme je l'ai fait pour toutes mes sculptures à compter de l'époque où je résidais à Tà Cú.

Un jour de 1970, il a confié la statuette à mes parents pour qu'ils y cachent les économies de tes grands parents qui voulaient partir pour la France. Malheureusement, sur le chemin de la boutique, le jour où tes grands-parents devaient passer le récupérer, ils ont été victimes d'un attentat. Je revenais en visite à Saigon le lendemain. À l'hôpital, j'ai seulement trouvé ta grand-mère, endormie, veillée par une dame. Cette dame je l'ai revue aux funérailles. Elle portait le collier que ta grand-mère lui avait donné. Je ne l'ai plus revue depuis. Moi, j'ai conservé le Bouddha Rieur dans l'espoir de pouvoir un jour le remettre à un descendant d'Abel et Emma. Tu

comprends maintenant mon geste. Pour finir, je
dois encore te dire que la statuette s'ouvre avec le
médaillon du collier de ta grand-mère qui est à
glisser dans la fente sous la corne d'abondance.
Mais ce collier je ne sais pas où il se trouve. Si tu
veux ouvrir le Bouddha Rieur, il te faudra alors le
casser au niveau de son socle.
Voilà. Je peux maintenant partir en paix.
Je te souhaite beaucoup de bonheur.
Bien sincèrement,
Quang (le moine Liêm)

Yann regarde Lưu Ly, elle aussi étonnée, puis
Ngọc. Cette dernière sourit en hochant la tête.
Yann la remercie et se fait confirmer que son frère
Quang, devenu moine, a pris le nom de Liêm.

Ainsi se complète le puzzle qui réunit l'histoire
du Bouddha Rieur et celle des deux familles.

Dans leur chambre, à la pension Hoa Biển, Yann
et Lưu Ly sont assis sur leur lit ; ils ont approché
une chaise pour y poser la statuette. Ils viennent de
rentrer de leur voyage de noces et se sont dépêchés
de se doucher. Le petit creux dans l'estomac
attendra, ils sont trop impatients de découvrir ce
que le Bouddha Rieur contient.

Lưu Ly détache son pendentif puis en retire le
médaillon qu'elle tend à Yann. Celui-ci ôte
délicatement la turritelle pour découvrir l'orifice
longitudinal pratiqué dans le bois. Il y insère le
médaillon puis regarde sa femme. Il exerce une
pression qui laisse entendre un déclic. Le socle
semble mobile. Yann retourne la statuette et le

manipule doucement jusqu'à s'apercevoir qu'il peut tourner sur un axe excentrique. Il le fait pivoter. Le rayonnement du soleil qui passe entre les rideaux fait briller un disque doré. Le jeune homme remet le Bouddha Rieur à l'endroit. Un cône doré, d'une quinzaine de centimètres de haut, en tombe. Un cône d'or.

– Je crois que le devin avait raison, non ? dit Luru Ly en prenant la main de Yann.

TABLE

Ce livre vous a plu (ou pas) ?
Découvrez-en d'autres et laissez-nous vos
commentaires sur http://ednane.canalblog.com/
sur le site d'achat ou sur vos blogs de lecture
préférés.

Découvrez aussi :

SUSANE REVEL
Tome 1 : Les étranges rêves

de T. DIEN